职场女小白修炼秘笈

陈艳霞 著

SPM 南方出版传媒 广东人民出版社
·广州·

图书在版编目（CIP）数据

职场女小白修炼秘笈 / 陈艳霞著.—广州：广东人民出版社，2018.2
　ISBN 978-7-218-12541-1

　Ⅰ.①职…　Ⅱ.①陈…　Ⅲ.①女性—成功心理—通俗读物　Ⅳ.①B848.4-49

中国版本图书馆CIP数据核字（2018）第019861号

ZHICHANG NÜ XIAOBAI XIULIAN MIJI
职场女小白修炼秘笈　陈艳霞　著　　版权所有　翻印必究

出 版 人：肖风华

责任编辑：王　宁　杨　璨
插画作者：范如诗
责任技编：周　杰　易志华

出版发行：广东人民出版社
地　　址：广州市大沙头四马路10号（邮政编码：510102）
电　　话：（020）83798714（总编室）
传　　真：（020）83780199
网　　址：http://www.gdpph.com
印　　刷：广州市浩诚印刷有限公司
开　　本：787毫米×1092毫米　1/16
印　　张：12.25　　字　　数：130千
版　　次：2018年2月第1版　2018年2月第1次印刷
定　　价：33.00元

如发现印装质量问题，影响阅读，请与出版社（020-83795749）联系调换。
售书热线：（020）83795240

序

职场,也是一种修行

职场女小白,初入职场,缺乏一门叫做《职场攻略》的课程。所以当他们进入职场时,很容易就两眼一黑、战战兢兢又充满期待地摸着石头过河。有些小白自然适应良好;而有些小白,可能需要经历很多次的教训,才能自如应对职场环境;还有一些小白,职场成为职殇,本来蛮期待的职场,让他们伤痕累累,满心创伤。

从心理角度看,人们对于未知的事物一般会有两种不同体验:好奇期待和忐忑不安。如果对未知的事物有了一些了解,我们便更有一些掌控的感觉,这样的感觉让我们产生安全体验,同时也就能更坦然地去面对。而不是因为担心害怕,让自己在紧张和焦虑中经常出现失误。失误一多,人容易进入一种叫"习得性无助"的循环中,回避抗拒逃离职场。从此,职业成就、自我价值实现就成为镜花水月、海市蜃楼。

在我从事多年的心理咨询职业生涯中,遇到过许多因为职场人际关系、职业发展的困惑而衍生的心身障碍。有人迷失了自己,有人在困境中挣扎;有些人越来越焦虑,有些人进入了严重的抑郁状态。

你怎样对待这个世界,这个世界就怎样对待你。这句话似乎很鸡汤,但事实如此。你担心的事情一定会发生,这叫"墨菲定律";你害怕的事情,总会出现在你生命中,这叫"心想事成"；你讨厌的人，总会在你身边出现，这叫"吸引力法则"；你渴望的东西，总感觉到特别遥远，这是叫"悲伤"。

如何解读职场规律，如何清晰感知职场关系，如何解决职业困惑，甚至在遭遇职场"潜规则""职业倦怠感"时如何应对，以及如何与我们身处的职场有个良好的互动，让自己在职场中适应良好，并能在职业生涯中更顺利地走下去，走得更高，成就人生的圆满，这就需要学习和教练了。

古时候，任何职业中的学徒（职场小白）进入一个职业或者行业的时候，会认师傅。即便在现代，有些特殊的行业是也师徒制的（比如相声艺术等）。师者，传道、授业、解惑也。而现代职场竞争激烈，师傅不好找啊。那我们就更需要另辟蹊径，开展其他学习了。学习型的人才，在职场可以成为不可或缺的人。也可以说，一定会是职场成功人士。

那我们如何学习呢？

一本《职场女小白修炼秘笈》横空出世，虽不能"得秘笈者得天下"，但也能完成一个"师傅"的功能：

传道：职场心态，职场规则以及规律；

授业：处理关系技能，沟通技能，遇到一些事情如何处理；

解惑：遇到一些职业困惑，心理困惑的现象解读和分析，让人可以知其然并知其所以然。

所以看似很"轻"的一本小书籍，涵盖内容非常广阔，也凝集了作者多年职场历练后的经验，以及非常夯实的心理学背景。最重要的，她没有把职场看成"战场"，她自身外柔内刚的个性，给到人们善意的同时，是温柔和包容。

无论任何人际关系，总是有模式可循。而比较对立的两种显著人际关系，是两种截然不同的价值取向、人生态度。一种是控制-服从的关系模式，这类关系容易产生对立，竞争以及敌对；另一种关系是合作-共赢，这是一种相对比较好的关系，把他人和自己看成一个"合作共同体"，这才能发展成为独立又自主，同时有团队，有亲密，有边界。把身边的人和事物作为自己的支持资源看，这是积极主动的选择。

这样的关系模式，必须建立在能够平和看待自己和检验自己的基础上。

而本书，没有把职场女小白引向"控制—服从"的关系模式中去，这难能可贵。毕竟，中国官场职场"厚黑学"，已经把人和人之间的基本信任打破，把人与人之间的关系，推向了一个相互算计和对立的新高度。但其实，人与人之间，并没有我们担心和被教育的那样"阴暗"和"危险"。

王阳明说：始于至善。这是事物本质，人生如此，职场亦如此。这是自我负责的态度，做任何事都可以，前提不伤害他人利益。

这是一本可以见光的职场说明书。虽然如此说法有点过，但是，能更清晰和客观展现职场之道，这已然是一本难得的职场教科书了。

如果，在我初入职场的时候能够阅读到此书，我的职业生涯是否会更顺利一些，我的生活又会怎样呢？

我无法想象。过去就是过去，生命也没有如果……

那就在职场中，让自己修炼成为一个心安理得的人吧！

胡慎之

（广州向日葵心理创办人）

目录
CONTENTS

前言

1·第一章　敲开职场的大门

2·先就业，再择业

5·面试记——如何"搞定"面试官

9·新人如朝露，新人如春风

12·菁菁的试用期——怪你过分美丽？

16·华华的试用期——好人做不得？

20·玲玲的试用期——"我"最重要

23·平和度过"欺生期"

27·第二章　初涉职场

28·什么不露必须露脸

32·饭局

36·办公桌是你职场的第二张脸

40·师傅不是老师

43·遭遇"潜规则"

47·我的领导是"唐僧"

51·有一种上司叫女上司

55·要不要加入"小圈子"

60·听说要来新Boss

64·好人、能人不如自己人

68·替罪羊

72·身边的"小人"

75·做自己的好事,让别人说去

78·一开始就让客户牢牢记住你

81·找到自己的贵人

84·办公室恋情之一:爱上老板

89·办公室恋情之二:爱上同事

93·不可忽视的小人物

96·同学聚会聚什么

99·黄段子与打情骂俏

办公室是恋爱的温床

101·第三章 职场上位

102·上位要趁早

105·如果可以靠脸吃饭,为什么不

109·我们

113·加薪不升职

116·"钉子户"

120·与"郎"共舞

125·动了别人的奶酪

129·干得好不如跟对人

132·客户无好坏，只有大小

136·十个80分，不如一个101分

140·不要输在终点线上

143·一个"媳妇"两个"婆婆"

146·仆人眼里无伟人

149·铁打的营盘流水的兵

152·上下级可成好姐妹，好姐妹难成上下级

156·拖后腿的父母

159·第四章 清理职场心理垃圾

160·真的要"说走就走"吗

163·有些辞职叫撒娇

165·倒霉蛋

167·拖拉斯基

170·越焦虑，越搞砸

173·加班成瘾

176·职场"祥林嫂"

179·跳槽侠

可以通过改变外在形象
改变别人对自己的看法

公司里不可忽视的小人物

前　言

宫斗剧为什么那么火？因为都是讲述草根女上位到最高女领导的"职场斗争"传奇。本来，女性与成功人士两个身份合在一起就突出，而女人争权夺利的争斗就更易吸引眼球。这道理跟打架是一样的，两个男人当街打架再普通不过，如果换成两个女的，保证围观的人数会多出一倍来。

大多数人印象中事业成功的女性都有着"家庭不幸福"或"女强人"这样的标签，如希拉里、英拉、昂山素季都是牺牲了家庭的"不完整"的女人。事实真是这样吗？我们再看看雅芳前CEO钟彬娴、惠普原总裁菲奥里纳、联想集团高级副总裁兼CFO马雪征、知名媒体人杨澜等等，风采各异，但都是家庭幸福的成功职业女性。可见，职业女性不是只有一副面孔，不同个性的女性都有可能找到自己的发展之路。

作为混迹职场二十多年的资深职业女性，我曾任职于大型国企、世界500强外企、知名民企，从基层科员、客户销售管理、人力资源总监到总经理，不敢说成功，但在个人成长之路上的收获是巨大的。一路走来，我深感作为职业女性的不易。后来研修心理学，悟出搞定人心，就能搞定很多事情；懂得人心，职场之路就会从举步维艰走向游刃有余的康庄大道。而作为职业女性，充分发掘并利用好自己的优势尤为重要。

所谓职场，可以仅仅是一个饭碗，让女性在寄望"嫁个好老公"之余多一个独立生存的途径。职场，也可以是一个战场，让女性得以在相对公平的平台与男性竞争或合作。职场，更可以是一个舞台，让对自己有要求，追求实现自我价值的女性有一个成长和展现能力和风采的空间。当然，女人可以没有职场，但如果选择了职场，我们最好还是调整好心态，投入地舞出一段属于自己的激情探戈。

我在这里无意灌输心灵鸡汤，只想与各位即将进入职场，或正在职场打拼的姐妹们分享和分析这么多年在职场亲历、目睹或听闻的案例，如能对大家有所启发，能帮大家解开心结，拨开云雾，参透职场，爱上职场，写这本书的目的就算达到了。

女性闯职场，不是靠蛮力，而是靠用心。把自己的心理顺了，就事事顺心；把别人的心搞通了，就一路通途。

修炼好自己的内心。心理强大了，职场也会变得很大。

职场角色

为了便于读者理解后面的案例分析,我们就派出三位各具代表性的职场新人,演绎她们各自的职场成长故事和心理轨迹,相信大家会在她们身上找到自己的一些影子,并且心领神会。现在就让她们隆重登场吧。

菁菁

大学毕业生,在校被公认为"校花",外表自然无需赘述。爱美又好强,聪明伶俐,有点小傲娇。

华华

大学毕业生,"学霸",热爱运动,性格跟体格一样属于粗线条,心直口快,爱憎分明。

玲玲

大学毕业生,长着一张大众脸,虽然没有特别出彩的地方,但性格比较随和沉静,善解人意。

第一章
敲开职场的大门

先就业，再择业

镜像

一到毕业季，找工作、投简历是学生们此时所忙碌的事情。菁菁、华华、玲玲就是千千万万个应届毕业生中的一员。她们都分别参加过学校的就业指导辅导课程和职业生涯规划培训，对自己希望从事的工作也有初步的想法。可是，投出去的简历中，得到回复面试的职位都不是自己首选的理想职位，面试后能通过的就更加不如意，不是企业不够大，就是工资低，或者职位跟所学专业没啥关系。本来满怀一腔热血要为自己的目标奋斗的，一接触到现实就好像摸不到一点边。时间一天天过去，家庭有背景的同学早都有着落了，不甘心屈就的同学就选择考研继续攻读。而更多的是像上面几位小鲜妹那样既无特殊家庭背景，又没有兴趣或条件继续考研的，就只能不断地走在面试的路上。只是，对于自己的第一份工作，我们该准备好怎样的心态去面对呢？

秘笈

不下水试试，你永远不懂水性。主观的职业规划和目标也会在工作中不断修正和调整，先就业，再择业。

修炼

应届毕业生抱怨就业难，往往不是真的找不到工作。原因可能是对岗位期望过高，对自身条件缺乏客观认知，导致高不成低

第一章
敲开职场的大门

不就的状况。或者目标模糊，出现选择困难症，错失了一个又一个机会。所以，我们要端正心态，想得多不如先行动起来，在岸上是永远学不会游泳的。

一、职业目标宜由广泛到精专

初出社会，对职业的了解和理解都不够充分，是打基础的阶段。所以制定职业目标的时候适宜给自己宽一点的选择方向，进入了职场实操，才能更清晰地了解不同方面工作的内容，也更知道自己喜欢和适合往哪方面发展。就像谈恋爱一样，没必要第一次恋爱就期望直奔结婚目标，只有通过相处过程才能了解自己的真实需要。第一份工作也是一样，并不是定终身，只要合乎自己大的方向就行，通过积累多一点的基本工作经验，直到确立了明确的职业方向，也有了职业资历的积累，以后的路才会越走越清晰，越走越顺畅。

二、职业生涯是场马拉松，要像没有退路般逼自己一把，才知道自己的潜力有多大

职场新人尤其是女性面对起步阶段的不顺心最容易产生畏难和逃避退却心理，潜意识里拒绝长大，拒绝为自己负责。心里为自己铺垫了退路，包括常见的"啃老"，还有"嫁个好老公"的想法，这样当面对暂时的困难和逆境时就缺乏坚持的毅力，总是跨不过那个临界点。其实，没有什么跨不过的坎，是心理承受力在平顺的成长过程中没有得到锻炼，就是我们说的挫折商（AQ）不够。一个人事业的成功，在智商和情商相若的情况下，挫折商往往是决定我们能走多远的重要因素。挫折出现得越早越好，在我们年轻时多经历挫折，心理承受力才会得到锻炼。内心强大了，那就谁也阻挡不了你前行的脚步。给自己太多退路，就永远

不能成为一个独立、完整的自我,职场如此,人生亦如此。请记住,眼前的安逸是暂时的,长远的幸福还靠自己的成长。

面试记——如何"搞定"面试官

镜像

一大早,会议室里坐着三位职场小鲜妹,她们就是来参加面试复试的应届毕业生菁菁、华华和玲玲。从外表看,她们完全属于不同的类型。相同的是,她们都是经过初试的笔试评估,击败了数十名应聘者后才得到今天这个面见人力资源总监的机会的。

办公室文员进来,叫了菁菁的名字。菁菁淡定地起身,整理了一下身上的职业套裙,在文员的引领下走出了会议室。对于这次面试,菁菁是有信心的。因为在此之前,她已参加过几个公司的面试,以菁菁先天的外在条件,略施淡妆,已经让面试的主管眼前一亮,顿生好感。只是出于各种原因菁菁没有接受前几个公司的职位。这次也不例外,菁菁一直面带春风般的笑容回答了总监的几个问题,遇到个别不确定的提问,就略带羞涩地回答,然后轻轻补充一句:"不知道对不对?请您指教。"看着总监愉快的表情,菁菁心里有底了。

轮到华华,一进门她就爽朗地跟总监打招呼:"您好!"坐下后,总监问了几个关于华华所学专业的问题,华华都是对答如流,自信满满,充分表现出"学霸"的优势。最后,总监提出了如何适应企业文化、组织沟通等方面的问题,戳中华华的弱点。华华率真地坦承自己对这些没有经验,一直觉得这方面需要很综合的能力和经验才能把握。不过也试着表达了自己的看法。总监略带笑意点了点头。

最后是玲玲。玲玲进门例行微笑跟总监问好,然后轻轻落座总监对面的椅子上。自我简介时,眼睛诚恳友好地看着总监,身体配合略略前倾。自我介绍完毕,总监问道:"请问你对自己职业生涯的目标是什么?"

玲玲沉吟了一下,答道:"我觉得自己的特点是各方面比较平均,比较喜欢跟人沟通合作,所以希望能往管理方面发展,将来能成为像您一样的成功职业经理人。"

总监点点头又问道:"你认为作为一个女性,是家庭重要还是事业重要?"

玲玲快速扫了一眼总监的办公桌,整洁有序,没太多物品,却在显眼的地方摆放着一幅全家福照片,照片里一家三口绽放着幸福的笑容。她微笑着说:"我知道作为一个职业女性,想事业取得成功的话可能要付出很大代价,但还是希望能努力做到家庭和事业的平衡。我想,有幸福的家庭做后盾,会有更好的状态投入工作。这方面,我希望以后有机会多向您请教。"

总监愉快地笑了。起身离开前,玲玲有意无意地把椅子拉回原来的位置。

这次面试的结果是,三位小鲜妹同时过关,即将迈入职场达人之路。

秘笈

好感面前,理性让步。发挥你的吸引力,赢得好感,就能赢得面试的成功。

修炼

毕业生不怕考试,但最怕面试。多年的应试教育让学生练就

第一章
敲开职场的大门

了面对考卷脸不改色的本领，而日常网络化的沟通又让我们弱化了人与人面对面的交流能力。我见过不少年轻人，即使思想很活跃，但面对陌生人时却是面无表情，呈呆若木鸡状，让人感觉这么近，那么远。如果企业也普及使用微信、QQ等社交工具面试，那该多好啊！可是，大部分企业是不会这样做的。技术上当然没有问题，关键问题是企业招聘人才，除了考量岗位所必需的专业基础知识，面试环节更重要的是看人。这个过程从应聘者一进门就开始了。作为面试官，对应聘者的观感很重要。换句话说，就是如何让面试官在短短的面谈时间内对你有好感。

让我们从心理学角度谈谈，到底哪些因素决定着人的吸引力，如何更好地展现自己的吸引力，让对方喜欢你。在双方没有深入了解建立感情基础的前提下，产生吸引力无非只有三点：外表、相似性与互补性、关系回报。

一、有魅力的外表永远是一张王牌

有个段子："外表重要还是内涵重要？当然是内涵重要。但是如果没有外表，哪有欲望去了解内涵？"有吸引力的外表容易快速让人产生愉悦感。社会心理学有关于外表吸引力的刻板印象的研究，无论对于小孩或者成人，大多数人都认为，长相一般的人在才干和社交技能方面都不如那些长得漂亮的同龄人，也就是"美即是好"的假设。所以，面试成功的第一步就是摒弃"酒香不怕巷子深"的思想。你可以丑，但你不可以懒。打扮得体，笑容可掬，自信地展现自我个性，良好的第一印象就出来了。

二、扬长避短，不较劲

如果像华华那样没法靠脸怎么办？靠专长和个性。在自己熟悉的领域多发挥。另外，比较幸运的是，华华总监问到的她的弱项，正是总监的强项。在人际交往中，具有互补特质的人之间相互会产生吸引力。而华华能坦率承认的态度更加了印象分。所以，面试中不要不懂装懂，与专业的人大谈对方的专长，对方不会对你迎合领情，只会反感你的班门弄斧。这种情况下必须努力创造机会表述自己擅长的话题，当然最好是跟应聘职位相关的技能知识。

三、赞赏对方的优势，短处也会被原谅

如果像玲玲那样，既没有颜值，专业优势又不突出怎么办？那就靠"软实力"。在跟对方互动的过程中发现机会。从心理学角度分析，大多数人都喜欢某些方面跟自己相似的人，特别是在态度、信仰或价值观方面。总监办公桌整洁有序，说明他是个整洁有序、注重条理的人，玲玲最后拉正椅子的举动就是表现自己也是这样的，加分。没有太多物品的桌上却放着幸福洋溢的家庭照，说明他工作成功之余也重视家庭。玲玲的回答当然加分。另外值得一提的是，玲玲跟对方互动时微笑配合、身体前倾，这是一种尊重、喜爱的姿态，能给对方良好的心理感受。根据心理学的"吸引的回报理论"，我们喜欢被人喜欢和被人所爱，就是说，我们喜欢那些喜欢我们的人。所以，最万无一失的做法是表现出对对方的欣赏，让面试官感觉你是喜欢跟他交流的，而不是像应试那样严阵以待。

第一章 敲开职场的大门

新人如朝露，新人如春风

镜像

人事部发了公告，公司有几个新人要来入职，员工们又忽然有了新的兴奋点和话题。有的开心自己的工作终于有新人可以分担了，有的只是出于好奇心理打听新人的背景，部分男同事则开玩笑说多来几个美女就好了，美化公司办公环境。

今天，新人们正式报到入职。员工们貌似在各自的座位上忙碌着，眼睛却偷偷扫视着新人们。几个新人神采奕奕地到人事部办了入职手续，就由各自的部门主管领着去认识同事们了。介绍完毕，大家又边工作边三三两两聊开了。菁菁的漂亮外表，玲玲的友善得体，华华的直爽利落都给大家留下了挺深的印象。还有其他几个既个性不明显，又木讷寡言的新人，大家就没怎么关心，就当透明一样了。

自从来了新人，公司办公室一段时间都活跃了不少，因为有了新的关注点。而菁菁、玲玲、华华三个无疑是最受关注的。经过一段时间的观察，大家开始谈论谁谁谁怎么样，谁谁谁不错，更喜欢谁多一点。有的甚至打赌，看好哪一个在不久的将来可以胜出。连带的影响是，有几个小师姐因为终于有了比自己更新的小鲜妹，一下子就煞有介事俨然一副"资深"模样了。而个别好为人师的老员工则不时以过来人无所不知的态度指点几句。当然也有欺生让他们帮忙干活的，或者不冷不热的。这一切对于他们都是新的体验，只有慢慢摸索适应了。

秘笈

职场新人最大的亮点就是"新"。大家最期待的是新人能带来新的活力和快乐。

修炼

新人初入一个新的环境,往往因为陌生而不知所措。有的急于表现自己的能力,有的又畏首畏尾躲在自己的角落。其实大可不必过虑,职场讲的也是人性。要快速融入集体,让大家接纳你,最简单有效的方式就是带给大家快乐,如一股清新的空气吹进办公室。

一、用自己的风格带给大家快乐

快乐是最有感染力的情绪。几乎没有一个人会抗拒一个让自己感到快乐的人。而新人最大的优势是没有太多的旧有人际包袱,一切都是刚开始。或者你会说,我的性格不够幽默,怎么带给大家快乐?其实,方式有很多,只要遵从自己的风格就行。比如,幽默是一种,活泼呆萌也很有喜感,乖巧讨喜也可以。既不幽默又不活泼的,也可以通过善解人意让人舒服愉悦,比如对于好为人师的,不妨耐心地倾听受教。别人请求帮忙,如果能力所及就提供帮助等等。无论什么方式,只有自己保持积极快乐的心态,就能把正能量传染给周围的人。

二、珍惜学习机会,勇于尝试创新

学校的阶段已经过去,进入职场就要归零心态重新开始。处理工作、与同事的交流都是很好的学习机会,只有不断为将来积累才能厚积薄发。适当的时候也要发挥新人惯性思维束缚较少的优势尝试创新，提供一些新点子让大家参考。每一点微小的改变，都会让工作变得更加主动和快乐。如果新人阶段没有形成创新的动力和思维习惯，那么在日后的工作中只会越来越陷于习惯性服从和机械性操作的循环中，不但局限了将来的发展，也难以从工作中获得快乐和满足感。

菁菁的试用期——怪你过分美丽？

镜像

菁菁的到来，让办公室多了一道亮丽的风景。本来就长得出众的她又爱打扮，每天穿得花枝招展的，又被上司安排了正对自己办公室的通道位，导致来来往往倒水喝、复印文件、查看传真的男同事一下子多了起来。工作中有点什么小问题，总是一呼百应，周围的男同事仿佛都在时刻准备着。这让习惯了众星捧月的菁菁很快适应了新的工作环境，工作得心应手，心情愉悦。

不过没多久，菁菁自我感觉良好的状态就受到了困扰，陆续感觉到来自部分女同事不太友善的目光，午饭时间女同事们三三两两聚在一起有说有笑，就菁菁独自在座位上吃盒饭。本来这种情况菁菁以前在学校也不是没经历过，不过她一直奉行我行我素的态度，倒也没啥大碍。但后来发展到某些工作对接也受到女同事的故意怠慢刁难，这让菁菁又急又气。有几次因此延误了上司安排的工作，菁菁十分委屈，忍不住就跟上司投诉了相关同事。虽然通过上司的协调，问题最终还是得到了解决，但几次下来，同事关系更加紧张，上司也婉言让她自己协调而不愿出面帮忙了。

菁菁工作尽心尽力，对同事也有礼有节，只是不太主动跟其他同事尤其女同事交流沟通而已。菁菁感到既委屈又无奈。

菁菁的问题真的只是如歌词写的那样"怪你过分美丽"吗？

秘笈

长得美不是你的错，可因为持美自傲而影响了人际环境，就是你的错了。

修炼

我们前面说，有吸引力的外表会让人产生好感。但是不要误会，长得漂亮并不是吸引力的充分条件，也不是必要条件。如果你长得漂亮，那就要学会如何使你的美貌减少"杀伤力"，为自己的吸引力加分，而不是变成人际关系的障碍。

一、最有吸引力的外表，是美得和谐，美得团结

有吸引力的外表要跟所处环境和谐，要跟面对的人群的审美风格匹配。作为一个公司新人，在一个企业中，就要顺应企业的文化和氛围，才能尽快融入群体，被大家接受，也就是之前说的相似性原则。

比如，在一个时尚领域的公司或者广告公司，员工普遍衣着时尚和个性化，那某个人穿着黑白职业套装就显得不和谐。不是说不能有个性化的另类打扮，只是要看你在公司的级别和资历。心理学里有个"级别效应"，就是同样的事情、同样的话，不同级别的人做出来说出来，大家的反应和接受程度都不同，这就是现实。所以，作为新人，还是先不要太随性而为。可能有人会问，在学校时为什么就不会有这种情况或者没那么明显呢？因为，学生之间不存在太强的协作需要，学生最重要是各自搞好学习，也不存在明显的级别竞争。而当需要群体共同完成一个任务时，组织者往往都会考虑群体着装，比如校运会有"班服""队服"，合唱团有统一表演服，义工团队也有统一形象制服等等，

就是要突出团队形象的一致性，从而让团队成员产生一种心理上的凝聚力，对外给人以团结和谐的整体印象。

二、良好的人际关系源于互动

菁菁因为潜意识的优越感而表现出来的小傲骄，不注重与同事之间的互动交流，也是导致在群体中被排斥的原因。而群体中的关系，最重要的正是互动。群体动力学家对群体的定义就是两个或更多互动并相互影响的人。认为所有的群体都有一个共同点：群体成员间存在互动。人与人之间，只有通过多接触交流，才能使彼此关系融洽，也就是吸引力原则里的接近性。在学校，关系最好的一般是"同桌的你"，工作环境中坐得比较靠近的同事，关系也相对熟络亲近一些，这是具有普遍性的规律，接近产生好感和喜爱。对于位置相对较远的合作部门同事怎么办？那就多走动。我们经常说"走亲戚"，就是即使亲戚也要多走动联络，才能维系良好的感情关系。

三、遵循人际关系回报原则，化解嫉妒

菁菁还犯了一个所有职场新人都会犯的错误，就是"告诉领导"。刚出社会的学生在公司遇到或大或小的问题，往往想到的是找领导帮助，这是从学校延续下来的习惯。而在职场中的人际关系是非常现实的，就是任何关系的持久都存在回报的预期和对等性，双方对彼此的付出和回报总体对等，关系就会持久维系。如果总是有困难找领导，就会让领导对自己产生"麻烦人物"的印象，长此以往，势必影响合作关系。

而导致菁菁陷入委屈苦恼的是她自己对自己缺乏客观评估。当然，这不是菁菁独有的问题。人在对自我评估时普遍存在心理学所说的"自我服务性倾向"，就是遇到问题总是倾向于把好的

第一章
敲开职场的大门

归因为自己的努力或能力,不好的归因为客观环境或别的原因。反正千错万错都是社会的错。所以,漂亮的姑娘一般在人际关系遇到障碍时,首先归因为别人的嫉妒,而不自我反省。漂亮遭到嫉妒也可能是原因之一,但一个职场达人应该让自己有能力弱化嫉妒,甚至化敌为友。

怎么化解?这就先要了解嫉妒情绪产生的原因:首先个人具有强烈的欲望,而别人实现了,便产生了自己达不到而憎恨别人的激烈情感;其次,出于攀比心理,而攀比心理往往发生在同事、同行、同学、同龄、同性之间,像距离我们生活比较远的名人或地位不同的人,一般就不会存在攀比,因为距离让类比性减弱。所以,要消除或减弱别人的嫉妒,短期来说,在对方介意而又不如你的方面适当示弱,给予赞美和安抚,如对方外貌不如你,你可以夸她气质好,性格好,或者身材比你高挑,牙齿比你白,头发比你柔顺等等。长期来说,就是让自己尽快逃离射程,即让自己在各方面更强大。当成长到与嫉妒者不在同一水平线时,嫉妒也就自然消失了。

华华的试用期——好人做不得?

镜像

华华很珍惜这第一份工作。正式上班第一天,她早早就来到办公室,帮部门每位同事洗好杯子,抹好桌子后,同事们才陆陆续续来到。华华的勤快,得到了同事们一致的认可。刚开始的几天,主管让华华先看看资料,熟悉熟悉业务,所以华华觉得工作还是比较轻松,就主动帮同事们干干复印、打打文件之类的杂事。很快就跟大家熟络起来了,办公室也经常听到大家"华华,帮忙打电话订餐","华华,帮忙去财务部问问客户的款到账没","华华,帮忙寄个快递"之类的声音。华华都是来者不拒,乐呵呵地办了。华华俨然成为了大家心目中的"活雷锋"。

华华学习能力强,加上专业对口,工作很快就上手了。主管

"你看,办公室的'活雷锋'一转正就不那么热情了"

第一章
敲开职场的大门

开始尝试让华华独立做项目分析报告，华华非常开心，终于可以施展自己的才干了。随着工作的开展，华华也开始忙碌起来，早上不再帮大家洗杯子、抹桌子了。对于同事们要帮忙的杂务有时因为赶工作进度也拒绝了。

因为工作勤奋，遵守公司纪律，同事关系良好，华华顺利通过了人力资源部的转正评估。但是，同事之间却开始传出对华华的微词。"你看，一转正就抖起来了，开始就是博取肯定"，"原来是装的，我就说那么好人"，"嗨，现在的年轻人哪有长性的"……

大家的非议让华华很受打击，工作情绪也低落下来，原来的精神头好像也不见了。

秘笈

职场是场马拉松，掌握节奏很重要。一开始在某方面"用力过猛"，一旦被贴上标签，就被设定了期望值。

修炼

初入职场的新人，第一印象很重要，就是心理学上讲的"首因效应"。我们对某个人最开始的印象，往往在心理上容易形成思维定势，从而影响到对这个人日后行为的理解和评价。良好的第一印象有助于别人对自己形成正向的评价惯性，但关键在于掌握度，为自己日后的发展留下回旋余地。

一、可以做好人，但不要做老好人

职场新人进入一个新集体，为博取领导和同事的认可，以图尽快被大家接受，往往急于表现而"用力过猛"。心理学家阿伦森总结的"阿伦森效应",我认为对职场新人很有帮助。阿伦森认为,人们大都喜欢那些对自己表示赞赏的态度或行为不断增加的人或事,而反感上述行为不断减少的人或事。阿伦森效应提醒我们,在日常生活和工作中,应尽量避免由于自己表现不当所造成的他人对自己印象往不良方向的逆转。简单说,就是人们只能接受你越做越好,越做越多,而一旦反过来,不但前面的努力会前功尽弃,还会比一直不做的效果更坏。

有个广泛流传的故事,很好地阐释了"阿伦森效应"。有个老乞丐每天固定在同一条路上的人行道上行乞。有个年轻人每天上班经过这条路,都会出于怜悯扔下5块钱。刚开始,乞丐对于年轻人的慷慨感到欣喜又感激,每次年轻人扔下钱,乞丐都躬身表示谢意。日复一日,乞丐也习以为常了。这天,年轻人照常经过,往碗里扔下1块钱。乞丐不乐意了,把年轻人喊住问:"为什么不是5块钱?"年轻人略带羞涩地说:"因为我结婚了,需要钱养家人。"乞丐生气地说:"你怎么能用我的钱去养别人?"

日常生活中也不乏这样的例子。一个人们眼中有求必应的"大好人",如果某次拒绝了别人的请求,对方就会因为这个结果与预期不符而产生不舒服的感觉。反之,一个平日好逸恶劳的人,某天因为心情好偶然帮别人做了件举手之劳的事,对方就会觉得这个人对自己特别好而对他赞誉有加。

二、降低期望,先抑后扬

华华一开始的表现让大家产生了超出预期的第一印象,所以纷纷对华华赞誉有加。受到同事们认可和喜爱的华华当然是感觉棒棒的,于是更加积极,即使不属于自己分内的工作也越揽越多。这样,同事们对华华的表现就在心理上定下了高标准、高期待,等于给华华贴上了"老好人"的标签。随着工作步入正轨,华华难以保持原来"乐于助人"的状态,大家就觉得华华表现越来越差,开始是感到失望,继而开始怀疑之前的表现都是装的,时间长了终于装不下去了。而随着大家对自己评价的下降,华华有了挫折感,更加影响了工作积极性。这个时候如果自我认知调节不当,就很容易陷入恶性循环,最极端的状况就是我们常说的"破罐子破摔"。

所以,对于职场新人,利用阿伦森效应,不妨采取"先抑后扬"的策略。即先不急于把自己放到一个高于正常水平线上的标准,而是在日后的工作和交往中不断显露自己的能力和友善,抓住机会偶尔露一手会更有"惊艳"的效果。

玲玲的试用期——"我"最重要

❀ 镜像

上班第一天，玲玲穿着一身简洁大方的裙装，步履轻快地来到公司。首先进入办公室向主管报到，主动询问了自己的安排后，由主管引领逐个认识部门的同事。主管每介绍一个同事，玲玲都认真复述一次对方的名字，然后自我介绍道："我叫玲玲，名字比较普通，我会多请教的。"

玲玲很快了解清楚每位同事的工作分工，工作中遇到不太清楚的就主动向主管和相关同事虚心请教。开始有些同事对于玲玲的询问也不太热情，毕竟自己都有一摊子事要忙。但玲玲就是不气馁，利用午饭闲聊或同事工作间隙，见缝插针地沟通，也不谈自己的问题，多数是倾听同事的苦衷或得意之事，并适时给予理解或赞叹的回应。慢慢地，大家都越来越喜欢跟玲玲接近，也乐于回答玲玲工作上的问题，甚至有时会主动提醒一些注意事项。

临近试用期结束，玲玲主动走进主管办公室，首先感谢了主管对自己的指导和对自己不足之处的宽容，然后向主管汇报了工作体会，了解主管对自己的期望并询问改进建议，希望以后能更好地配合主管工作，努力达到主管的期望。毫不意外地，玲玲得到了主管充分的肯定。

❀ 秘笈

职场新人建立关系的切入点：学会看别人脸色，别人才会给

第一章
敲开职场的大门

你好脸色；学会欠别人人情，才会建立交情。

修炼

《圣经》说，"当上帝关了这扇门，一定会为你打开另一扇门"。外表和能力都毫不起眼的玲玲，天生就是职场达人的好苗子，因为她有着高情商。职场中，情商往往比智商更重要。情商受到越来越广泛的重视，并更多地被应用在企业管理中。心理学家戈尔曼等研究者认为，情商主要由五种特征构成：自我意识、控制情绪、自我激励、认知他人情绪和处理相互关系。如何找到与他人建立关系的切入点，是职场新人的难题。其实，只要了解以下两方面，就一点都不难了。

一、学会看别人脸色，别人才会给你好脸色

首先，玲玲对自己的认知非常清晰客观，既然没有过人之处，就承认自己的平凡，收敛自己的情绪。年轻人最容易出现情绪问题而不能自我调节。在学校和家里，出现情绪问题会有老师和父母关心疏导。而职场中，领导和同事就没有这个义务，尤其对于职场新人，现实点说就是还没有资本去让人重视你的情绪，所以要认清自己的状态，以成年人的方式去控制自己的情绪。

认知他人情绪和处理相互关系也很重要。我们不能寄希望于别人照顾我们的情绪，但却要学会了解他人情绪，说白了就是要会看人脸色，这是处理相互关系的前提。人在认知上不但有自我服务的心理倾向，还有固有的自我中心主义，喜欢跟自己相关的事物，喜欢谈自己关注的话题，喜欢喜欢自己的人等等，总之就是"我"最重要。所以，要别人喜欢你，关心你的事情，首先就要关心别人的事情，多跟别人讨论他自己的事情，并表示重视和共情。这是与别人建立关系，获得好感和亲近感的捷径。

二、学会欠别人人情，才会建立交情

建立初步关系以后，可以尝试逐步寻求帮助，使关系往来更加紧密。要知道，有时候我们对于自己提供了帮助的人会有亲密感，甚至更甚于帮助过我们的人。因为内心里人大多会回避愧疚感、亏欠感，相反，对于自己付出过的对象会有优越感，从而产生亲近感。你帮助过的人不一定会惦记你，你欠别人一份情，别人一定惦记你。不信可以试试借钱给一个人，那个人未必惦记你，没事也不会主动联系你，而你却一定会常常惦记那个人，什么时候还钱。

中国人尤其注重礼尚往来。比如别人宴请你，等于给了你面子，是一份人情。你欠了别人人情，就会惦记着找机会回礼。这样一来二往，交情就建立了。

还有一个原因，就是当我们在一个人或物品或事情上花费的精力越多，就会对这个人或物品或事情更有感情。这关系到心理学上的自我认知协调。当我们在某方面已经花费了精力，出于自我心理的需要，就会下意识让自己相信这是值得的，否则就会出现认知不协调，就会整个人感觉都不好了。《小王子》的故事里有个经典例子，就是小王子独独钟情于那一朵玫瑰，为它欢喜为它忧。而这朵玫瑰其实与其他玫瑰并无二样，只因小王子在这朵玫瑰身上倾注了太多心血，他珍惜的其实是自己的付出。

总而言之，作为职场新人没有资本闹情绪，多关注别人的情绪对自己更有现实意义。人微言轻，少说自己的，多听别人的吧。在别人有需要时不要吝啬帮助，也要懂得适时寻求别人的帮助，欠人一个人情，就等于建立了一种关系，因为别人一定会给你回报的机会。只要摆正心态，职场的人际之路自然越走越顺畅。

平和度过"欺生期"

镜像

三位小鲜妹好不容易熬过了试用期,相约聚在一起庆祝庆祝,吐吐苦水释放一下,三人不约而同最大的感慨就是试用期更像是"欺生期"。三个"苦主"就轮番倾诉开了。

华华是个急性子,抢先竹筒倒豆子般说了起来:"我进公司三个月,就像新入门的媳妇一样倒茶递水,前前后后地给人家跑腿,被批评了还大气不敢出。好不容易有了正事可干,又被人说开始是博表现,越来越懒了。唉,真是好人难做啊!"

菁菁接着就说了:"我才不去做那些倒茶递水的事呢。好歹也是大学毕业的呀,我又不是应聘杂工,凭什么呀?最冤枉的是,我工作又没犯错,可总是有人针对我,面上阴阳怪气,背后嘀嘀咕咕的,我不就是爱打扮一些,又不习惯说好话讨好别人嘛!"

玲玲看她俩说得激动,无奈地笑笑说:"我自问一直比较照顾别人感受的,也很注意跟同事搞好关系。即便是这样,想向别人请教个事,别人不是摆谱爱理不理就是藏着掖着的,感觉自己可有可无似的。虽说我是新人,可也是为了做好工作嘛!"

就这样,三位小鲜妹仿佛自说自话地倾诉着各自的委屈,又在都是新人被人欺的共同角度上产生共鸣,情绪总算是得到了有效的宣泄,又可以重新开始进入新的阶段。

秘笈

欺生是社会上普遍存在的现象，不仅仅出现在职场。只要做好心理准备，放低姿态，放平心态，就必然能安全度过"欺生期"。

修炼

欺生这个问题，很多新人都或多或少遇到过。即便这样，也不必有太大的心理负担。一般情况下，这只是旧人在新人面前体现一下优越感而已。所以，只要认识到这是正常现象，理解了前辈的心态，做好心理准备，就能平和地对待了。一般情况下，前辈对新人的欺生存在两种典型心态。

一、前辈为体现自己资历的优越感和存在感，新人是最理所当然的承接者

公司里有的前辈为体现自己的老资格，表现自己的经验，对新人会摆谱，甚至现出不太客气的教训言语，获得心理上的优越感和存在感。这种是类似于多年媳妇熬成婆的心态。面对这种情况，新人大可以平和而谦逊的态度对待，不必过于谦卑讨好，也不必动气对抗。因为过于谦卑讨好，只会鼓励强化这种态度。而自己对抗，对于未有根基的新人，显然是不明智的，一旦触发矛盾，吃亏的肯定是新人。平和而谦逊，让对方有所节制，没有发难的理由。也要谦虚求教，让自己尽快成长起来，那就能获得应有的尊重和底气了。

二、出于自我保护的防范心理，对新人防卫过当

有的前辈害怕新人会对自己的现有工作产生威胁，出于自我

保护的防范心理，也会对新人采取预先打压的态度或行为。例如对于新人的工作采取不合作的态度，对于新人的业务介入采取敌意防范等。面对这种局面，新人往往有手足无措、无从着力的感觉。这时候就是考验新人耐心的时刻了。面对这种防范心理，首先不要急于突破，如果可以的话，先从周边迂回介入。同时，以行动表现诚意，慢慢解除对方的防范意识。只要有足够的诚意和耐心，一般都能化解困局。如果遇上极端奇葩的对象，久攻不下，那就要求助领导，向领导陈述自己的困难，争取支持和帮助了。

总之，作为职场新人，姿态要放低，心态要放平。姿态要放低就是做事不要太计较，不要太放任自己的情绪，待人谦逊有礼。心态要放平就是认清自己的角色，即使遇到什么委屈的事情，也是作为新人必经的历练。"欺生期"很短，职场之路很长，且行且珍惜。

第二章 初涉职场

什么不露必须露脸

镜像

工作态度被肯定，得以转正后，华华倍觉激励，工作更加卖力了。除了上班时间在办公室埋头苦干，连跟同事多聊两句都觉得浪费时间，甚至很多时候晚上利用私人时间搜集资料。每当想象到年终表彰大会上被老板作为优秀员工点名表扬的场景，都快要情不自禁笑出来了。

一次会议上，老板提出为了多给新员工锻炼机会，培养后备人才，本来由主管主持的每周汇报例会下次先选派一个新人尝试主持。随后，老板环顾了一下与会人员。华华心想，机会终于到来了。在场三个新人中，数自己最努力，对主管交代的工作完成得只多不少。

"我建议下周先由玲玲来主持汇报吧。"老板不紧不慢地说，同时目光落在视线跟老板正对方向的玲玲那边。正激动期盼着的华华顿时懵住了，怎么会是各方面都不算优秀的玲玲？

会后，主管看到情绪低落的华华，就招她坐到一旁开解起来。"华华呀，我知道你工作很努力，也能帮上我。今天的事我知道让你很意外，我很理解。但对于老板提名玲玲我也不意外，因为，老板对玲玲的印象应该比对你和菁菁都熟悉。你挺聪明的，自己回头再想想？"说完，温和地笑笑离开了。

华华脑中过起了电影：每天早上老板走进公司路过办公区，多数人都是头也不抬做自己的事，玲玲却几乎每次都抬起头来微笑着道"早安";每次开会玲玲都很自然地选择了跟老板对角线的视线最佳位置;公司活动时总是选择靠近老板的区域;每次老板吩咐些小事情玲玲总是抢先主动去做……华华似乎有点明白了。

秘笈

熟悉产生好感。增加曝光率,让老板记住你。先露脸,才有"露一手"的机会。

修炼

对于职场新人来说,如何让老板注意你,对你留下良好印象是门技术活。难点在于工作初期难以一下有突出的绩效表现,在芸芸众生中如何脱颖而出?玲玲用了非常聪明的方式,就是多露脸。

一、利用"曝光效应",熟悉产生好感

所谓"曝光效应",就是指熟悉产生好感和安全感。美国密歇根大学的罗伯特·扎伊翁茨教授通过对学生进行测试,无论是无意义的单词、音乐片段或面孔,经过多次反复呈现后,学生们对其评价从开始的没感觉或不喜欢,到后来评价普遍提高。日常生活中广告商就经常利用这种效应。即使一条最普通的商品广告,仅仅通过简单的重复投放轰炸,就能让消费者在不知不觉中记住这个品牌或产品,继而认同了这个品牌或产品,当需要购买同类产品时,在众多的品牌选择中会不假思索地做出偏好反应。

同理,曝光效应也会让我们在评价他人时戴上有色眼镜,我们更喜欢熟悉的人,对熟悉的人更加容易信任。传销机构就是

利用这种对熟人的信任心理进行暴利推销的。这也是为什么很多人在追求异性的时候都会以借书还书等借口增加与对方接触的机会，一来二往就建立了感情，最后大功告成。这也是有意无意中利用了曝光效应的作用。要引起某个人的注意，就记得没事多在他面前晃悠一下吧。

玲玲聪明地抓住一切在老板面前曝光的机会，再辅以正面的行为态度，在不知不觉中给老板留下了良好的印象，当机会来临，老板首先想到她也就不足为奇了。所以，职场新人注意啦，要得到老板垂青，别只顾埋头苦干，记得在老板面前露脸、露脸再露脸哦。

二、曝光的最佳姿势

能够让老板视觉与听觉容易触及到才叫曝光。首先说视觉，要懂得视觉感受的原理。人的视线是有辐射范围的，尤其男性拥有的是管状视网膜，看一个目标是直线的而且发散幅度有限，除非刻意转动眼睛。所以为什么一个男性看到吸引他的女性时会让人有盯着看的感觉，且很难掩饰，就是跟视网膜结构有关。因此，不要期望老板脑袋后面长眼睛，学会在公司各种场合选对最佳位置才是上策。比如，圆桌会议，要选老板对角线的位置；排座的大型会议，要尽量坐靠前中间的位置；日常工作场合，也要遵循视线方便"直射"到的原则，就不一一举例了。另外，积极参与公司的集体活动，发挥自己工作以外的其他特长，也有利于让老板和同事们对你留下印象。比如在公司组织的运动比赛中，尽量选择自己有优势的项目参赛；在公司的集体晚会上，也要积极参加表演项目。很多时候这些虽然跟工作无关，但是功夫在其外，让人感觉到你的综合素质，对你的整体印象会加分哦。当然也要注意分寸，不要显得太刻意而弄巧成拙。

第二章
初涉职场

以上是你外在形象的曝光,那么在听觉方面,也需要有一定的曝光率,包括让老板直接或间接听到你的名字。包括积极参与公司的各种专项小组,参与公司各种活动等,都会增加你的名字的曝光率。在集体讨论或各种会议,适当的时候不要害羞,可以发表自己的意见,会显得更有参与感,也能表现自己独立思考的能力。

饭 局

镜像

今天上班后，菁菁、玲玲、华华都分别接到主管通知，老总为了欢迎几位新同事，中午安排了跟公司几个主要管理人员和新员工一起共进午餐。几位新人既期待又紧张，毕竟这是第一次参加和公司高层一起的饭局。

很快到了午饭时间，新人们跟着主管来到预定好的酒楼房间坐下。大约十分钟后老总也到了。老总一进门就边落座边热情地跟大家打招呼道："欢迎欢迎啊！公司又添了生力军，战斗力又增强了哈！"大家随着老总的话附和着笑了起来，新人们也略带腼腆地笑了。闲聊几句后，其中一个主管征询了老总的意思后通知上菜。席间，玲玲不时微笑着走过去为各位倒茶，菁菁也帮忙把每上一道新上的菜都先转到老总面前。另外几位新人有的埋头苦干自顾自地吃了起来，有的可能仗着酒量好，频繁主动跟老总和几位主管敬酒。华华本来就是个吃货，看着满桌的菜肴早就饿了，可是因为拘谨，又不敢放开了吃，酒量不好又不敢敬酒，这饭吃得甚是不自在。华华不禁想起之前听负责客户的同事们讲起应酬饭局都怕，说那些饭局几乎没吃饱过，现在终于有点体会到了。终于，大家看起来都吃得差不多了，玲玲和菁菁率先对老总的宴请表示了谢意，其他新人随即也跟着道了谢。老总高兴地笑着说："以后就看你们年轻人的了，大家好好干！"这顿饭就算圆满结束了。

第二章
初涉职场

回公司的路上,华华悄悄问菁菁和玲玲:"你们吃饱了没?"他俩异口同声说:"没有啊。"华华苦笑着说:"以后再也不想参加这样的饭局了,饿死我了。"菁菁和玲玲听她这么一说,都大笑起来。

秘笈

饭局是职场修炼的必修课。

修炼

工作饭局是职场人士绕不开的一门必修课。除了宴请客户的应酬饭局、同事之间工作沟通饭局之外,甚至很多公司把面试高管的环节也搬到饭桌上进行。可见,饭局的作用多么重要。饭局既是增进感情交流,加强彼此关系的活动,也是考察一个人的品性的极佳机会,反过来说也是表现自己的机会。懂得饭局心理,学会游刃有余地掌控饭局,对你的职场生涯发展大有裨益。

一、饭局观人,吃饭的细节反映一个人的习惯

都知道饭局观人,那具体是观人的哪些方面呢?主要有吃相、吃品和细节动作等。一个人的吃相是淡定优雅、狼吞虎咽还是专注品尝,往往反映了这个人的教养和品位。吃品就是看一个人在饭桌上会不会先考虑到关顾其他人,比如在饭局上是让菜、留意客人需要等,还是自顾自地吃,也能反映一个人的品德。至于其他细节习惯,比如是否挑食、是否随意浪费食物、是否注意用餐卫生、是否懂得餐桌礼仪等等,都能间接反映一个人的生活背景、行事风格、性格特征等信息。因为在平时的工作场景中人们出于角色的意识以及防范心理,对自己的行为表现或多或少都

会有所自控制,就是说会戴上职业的面具。而吃饭是一个人最基本的生理需要,在吃饭的时候人的行为会更多地出于本能,尤其进食以后身体血液集中到消化食物上面,大脑思考机能暂时处于松懈状态,自我控制的能力也有所减弱。这就是为什么当我们要进行脑力活动前不能吃得太饱的原因。围棋国手聂卫平每次比赛前都坚持不吃正餐,只吃几片西瓜补充能量,就是这个道理。

二、饭局可以增进感情交流,是正式工作场合沟通的有效补充

为什么饭局那么重要?为什么不能把该谈的事情都在办公室完成?首先我们谈谈饭局在人类生活中的地位和意义。无论东方人还是西方人,一起吃饭意味着家庭情感的和谐交流。白天大家各自忙碌,晚上回家一起吃饭就显得具有仪式性的意义。儿女在外,每逢节假日父母会期盼他们回家吃饭团聚。恋人约会,也常常从约饭开始。朋友聚会,也常常离不开吃饭。从前对于在国有企业或集体所有制企业工作都用"大锅饭""铁饭碗"来形容,都跟吃饭有关。可见吃饭对于人与人之间的关系多么重要。

还有一个原因就是饭局上无论宾主双方都会相对放松心情,距离感也缩小,减弱了正式工作场合下的戒备心理。如果再加上酒精的助力,觥筹交错之间,一切尽在不言中。

三、修炼饭局的正确心态,为职场生涯助力

我们前面说过饭局中的细节反映一个人的习惯,所以饭局既是吃饭也是观人。那么反过来看,如果我们经过有意识的培养,让自己学会得体的饭局礼仪,通过细节的掌控也必然能给别人一个良好的印象,从而增强了别人跟你合作的信任度。要在饭局中给人留下好印象,主要需注意以下几个方面:

第一,得体的衣着和礼仪。衣着要根据饭局的性质、规格以

及客人身份决定。女性总体要略施淡妆，表示对客人或主人的尊重。公司饭局只需要整洁精神即可。如果是外部比较高规格的饭局，就要注意衣着稍隆重亮丽，无需太保守刻板，以免影响饭局轻松愉快的气氛。裁剪得当的服装会让人感受到你的良好品位。

第二，永远记得周围的人。如果在场的人中你最年轻，级别也相对低的话，就要主动留意各人的需要，及时交待服务员提供服务。如果普通饭局没有专门的服务员，就要主动负责斟茶递水的工作了。另外，每上一道菜都要先转到主宾或领导的面前，以示尊重。当别人跟你讲话时，要停下筷子，不要边嚼着食物边聊，这是不礼貌的行为。不要为了自己爱吃的菜而频繁转动转盘，转动转盘时也要先留意别人是否在夹菜，先等别人夹完才转，以免尴尬。

第三，饭局是否需要喝酒，应以主宾或领导的意愿为原则。喝酒确实可以活跃气氛，交流更加顺畅，但喝酒也要节制，不要超出自己的酒量，以免酒后失态，得不偿失。女性尤其要注意这一点。

第四，切忌饭局一开始就谈正事，要等客人吃得差不多了才谈。如非必要，正事只需轻轻提及，点到即止，否则会让人感觉这顿饭的性质功利性太明显，吃得就不舒服了。

第五，饭局结束时，如果是别人宴请就要表示感谢。如果是请客，就要征询客人吃好了没，是否还有其他需要，并对客人赏脸赴宴表示感谢。

办公桌是你职场的第二张脸

镜像

玲玲是个情商很高的姑娘，性格细致，观察能力又强。以前就听已经毕业工作了的师姐说过，在公司要了解一个人，先看TA的办公桌，而不是看TA的外表和说的话。因为在公司，办公桌就代表自己的工作领地，办公桌的整理和布置反映了这个人对待自己工作的态度和自我管理能力。就像看一个人的家如何布置，就大概知道这个家的主人的品位和家庭成员的关系一样。有心的玲玲当时就记住了，所以在面试的时候才会特别留意人力资源总监的办公桌，也确实获得了不少关键的信息。

上班以后，玲玲也习惯留意同事们的办公桌，借此机会对同事有更多了解。她发现，同事们的办公桌真是千姿百态，风格迥异，从中可以推断，它们的主人也是有着性格上的明显差别。比较奇葩的是，有的在桌面光小植物就摆放了三四盆，有仙人掌、发财树，还有叫不上名的，一看以为是风水师的办公桌。有的乱七八糟的文件一大堆堆在桌上，水杯上还插着个小勺，估计吃完早餐还没洗杯子。有的不但桌上摆放着自己的艺术照、跟情侣的亲密大头照，挡板上也贴着各类明星偶像的照片。而有的又截然不同，桌面上只有电脑、笔筒、水杯、文件夹。玲玲心想，如果是人力资源总监看到了，会怎样评价这些同事？到底怎样摆设自己的办公桌才会让自己的职业形象加分呢？

秘笈

办公桌透露你的职业态度和个性。职场中,注意自己妆容的同时,也别忘了注意自己的"第二张脸",别让办公桌影响了你的职业形象。

修炼

办公桌是你职场中的第二张脸,可以有不同个性和风格,但也要精心整理,才能展现自己想让人看到的职业修养和个性。同时,要注意一些原则性的细节,别让办公桌出卖了你不该透露的信息。以下提供一些典型的办公桌摆设类型,可以对照参考一下自己是属于哪种职业个性。

一、整齐简洁型

办公桌看起来整洁干净,与工作无关的杂物很少,各类物品和文件摆放得井井有条。这类主人大多会给人做事比较稳妥,有条不紊,重视秩序,值得信赖的感觉。但缺点是因为对自己要求严格,对别人也常常苛刻,不能容忍别人的缺点,不够宽容灵活。

二、杂乱无章型

办公桌堆满了各类文件和用品,可能连挡板都贴满了写着各类事务提醒或电话号码等的便条贴。这种人大多追求自由,个性比较随性,有创意且思维灵活。缺点是缺乏条理性和计划性,容易给人不够严谨的印象。

三、杂乱却有序型

办公桌上虽然东西多,但工作文件和资料却整齐有序,要用到的文件总是很容易被找到,这类型办公桌的主人会给人一种很忙碌、很投入工作的感觉。实际上这类人往往工作能力强,工作热情和效率也较高,并主动对自己定下高要求,追求卓越。缺点是因太自信和太投入工作,往往忽略与别人多沟通,对能力不够自己强的人容忍度也低。

四、个性化十足的办公桌

这类型的办公桌往往除了工作文件和办公用品之外,还装饰了很多体现个人喜好的物品(如Hello Kitty的杯子、个性化小摆设、小植物等),或传达出个人生活信息的物品(如相架、友人寄来的明信片等)。这类办公桌的主人大多对公司比较有归属感,与同事相处也融洽,热心参与公司的各种活动。缺点是喜欢传小道消息,对职业的期望和要求也不高,比较安于现状,给人不够专业的感觉。

除了办公桌的摆设风格以外,有些原则性的细节也要特别注意,这也是职业素养的一部分。

第一,下班前一定要把涉及公司内部敏感信息或有老板签署的文件资料锁好,不要随意放在桌面的文件夹,以免无意中泄露了不该泄露的信息。

第二,尽量少放个人私生活的物品,以免削弱职业形象。

第三,有敏感信息的文件或便笺不要随手撕掉或揉团扔在字纸篓,应用碎纸机碎掉。

第四,善用便条贴简单记录琐碎的小提醒,并贴在挡板上容易看到的地方。

第五，办公桌或挡板可适当放有纪念性的公司集体活动照片，显示你对集体的重视和感情。

第六，办公桌上不要放与工作无关的时装杂志、八卦杂志等，会让人怀疑你在工作时间看杂志，工作不够专注。

师傅不是老师

镜像

部门主管让华华给部门的一个项目主管当助手,目的是让华华跟着师傅边干边学,以便尽快熟习一个项目的完整操作实务。可是,当华华第一次热切地请教师傅就碰了个软钉子。书呆子华华拿着笔记本恭恭敬敬地走到师傅跟前请教,还自以为拉近距离地兴致勃勃说起自己在大学学的对口专业,还有对这个专业的理解等等,以为师傅会欣赏地跟她探讨,然后像老师一样给她讲整个流程什么的。谁知师傅看了看华华,漫不经心地说:"流程在项目手册里都有,你自己先看看吧。"华华失望之余也只好自己先看资料了。接下来的日子,华华名为项目主管的助手,可根本没有机会接触项目操作的核心实务,即使旁听到一些弄不明白的问题,师傅对华华的咨询也只是敷衍地解说一下。华华越是较真地追问,师傅的态度就越是回避。甚至连到项目现场调研也不让华华跟去。最让华华憋屈的是,一个偶然的机会,她听说师傅背后还曾在人前说过"现在的新人能指望他们会干什么?大学学的专业就是个没用的理论。"华华知道师傅讲的新人就是她。但是华华怎么都想不通,自己对师傅是恭恭敬敬的,到底哪里得罪他了。另一方面华华也觉得这样跟下去什么都学不到,太浪费时间了,心里不免着急起来。

第二章
初涉职场

🌀 秘笈

要向别人学剑法，切忌先拿着自己的剑向着对方，而是站在对方的身后，先把对方树立成榜样。

🌀 修炼

以旧带新，是企业管理者常常使用的帮助新人成长的方法。但现实遇到的情况往往是旧人并不乐意带新人，一来费神费心又难以体现自己的业绩，二来职场竞争环境下，旧人怕出现俗话说的"教会徒弟饿死师傅"。而作为新人这方，又往往会出于惯性习惯，以为公司安排的师傅就等于老师，自然应该尽责教自己。这样，双方由于立场不一致，利益考虑也不一致，就常常导致出现上面华华跟主管的状况了。这种情况下，作为职场新人就应该先主动采取积极的行动，而不是被动等待别人像老师一样手把手地教导。

一、给予充分的尊重和赞美，先把别人作为榜样树立起来

首先谦虚谨慎，不要班门弄斧是作为新人最基本的态度。其次，要让别人愿意教你帮你，就要在充分尊重对方的同时，对对方所在乎的方面，如业务能力、绩效水平等给予有效的赞美。让对方先自信起来，才能慢慢放下戒备的心理。赞美的话谁都爱听，可并不是谁都懂得如何讲得既让人感到真诚可信又赞美到点子上的。我们常说不要背后说人坏话，因为无论兜多少圈，你说过的坏话终会传回当事人耳朵。那么，赞美的话也是一样的。背后多说对方的好话，也终会传回该听到的人的耳朵，而且会显得更真诚。赞美什么也要有重点，比如对方的能力、专业知识，还有让你佩服的方面。这样，先把对方作为你的榜样树立起来，情

面上难以拒绝你，心理上也更愿意帮助你了。

二、利用"登门槛效应"，循序渐进

要有足够的耐心，不要过于急进，让对方感觉到压力。利用心理学的"登门槛效应"，也就是得寸进尺效应，即让人帮忙或答应你的要求，如果一步到位比较有困难，可以采取先提出一个别人难以拒绝的微不足道的请求，再逐步递进。因为如果一个人接受了他人一个微不足道的要求，为了避免认知上的不协调，或想给他人以前后一致的印象，就有可能接受更大的要求。

比如华华，在做好一定的关系铺垫后，可以先通过向师傅提出帮忙做一些基本事情开始，再慢慢逐步介入到更核心的环节。例如先提出帮忙做做数据表格、资料整理之类的基本工作，再逐步升级到跟去项目现场，或者参与项目过程的会议记录等等。如果能得到直接的指点就更理想，也可以通过具体实操过程边干边"偷师"。这样，只要有耐心，用心跟，就谁也阻挡不了你进步的步伐了。

第二章 初涉职场

遭遇"潜规则"

镜像

经过一段时间的了解，菁菁对工作也渐渐熟悉，加上上司对菁菁悉心指导，关爱有加，菁菁对目前的工作还是比较满意的。只是有一样令菁菁比较困扰，就是男上司经常以谈工作为由把菁菁叫进办公室，表情亲切得让菁菁有点如芒在背。即使菁菁在自己座位，上司偶尔有事过来谈事也会"不经意"地做出一些类似拍拍背之类的亲昵举动。菁菁虽然感觉不舒服，但觉得上司平时对自己也算照顾，可能只是上司个人习惯而已，所以对上司的表现也没敢表露出明显的抗拒。

这天下班前，菁菁忽然接到上司来电，说正在酒店跟外地来的客户谈项目，临时需要一份资料让菁菁马上送过去。菁菁如约来到酒店，致电上司，上司说在客户房间让她直接上去。菁菁只好上到房间按响门铃，开门的正是上司。菁菁本想放下资料就离开，谁知上司把她让进去，说客户到商务中心收点资料，等下还需要菁菁帮解释。菁菁坐下后上司又泡了茶，坐在菁菁身旁态度亲昵地聊起一些不恰当的私人话题，从倾诉自己长期离家异地工作的孤独，到问及菁菁有没男朋友……身体越凑越近。菁菁感觉不对，灵机一动，说："都那么久了，我下去看看客户有没需要帮忙的。"然后没等上司反应过来就快速站起来往门口走了出去。到了大堂，给上司打了个电话，说商务中心没人，可能客户离开了，自己晚上有点事就先回去了。听得出上司语气不悦，但也只能悻悻然答应。

次日,菁菁惴惴不安地来到公司,不知等下上司回来她将会面对什么?是上司的勃然大怒打击报复?还是继续不断纠缠?菁菁边故作镇定地工作,眼睛的余光却不时留意着上司办公室方向的动静。不一会儿,上司回来了,走到办公室门口,往菁菁这边瞟了一眼就进去了。这天以后一切如常,只是上司再也没有随便对菁菁动手动脚了。当然,也不再对菁菁有特别的关照了。

秘笈

任何关系都是有交换和回报的,不管直接还是间接,明里还是暗里。

修炼

我们习惯说"潜规则",意思就是不能摆上台面来说和做的,但是双方心领神会、心照不宣的一种"交换约定"。任何关系都是有交换和回报的,不管直接还是间接,明里还是暗里。正如商品陈列是为了出售,如果不准备用于交换的东西,就不必刻意突显。

一、人际关系是有回报的,"潜规则"是因为接受了别人的好意或好处而不能给予正常平等利益的回报

心理学也有关于人际关系的回报理论,即人们乐于跟那些能带来报偿的人交往,这种报偿可以是互相令对方愉悦,也可以是双方各有自身或客观条件上的优势,可以在关系中彼此回报。比如,朋友的友谊可能是因为性格互补或爱好相近,恋人关系可能是因为彼此愉悦、相互依恋,合作伙伴可能是因为能力互补或资

源优势互补。那么上下级的关系呢？正常的上下级关系应仅限于工作范畴的互相回报，比如下属按照上级的指令完成任务，上级回馈以相应的评估和待遇标准，超出工作范畴回报的我们就姑且称为"潜规则"吧。

说回菁菁的例子，作为一个职场新人，而且是外貌突出的年轻美眉，在受到上司"特别关照"的时候就要多个心眼了，问问自己凭什么会得到上司的特别关照。作为上司，他在一定程度上拥有决定你前途的影响力，如果你工作上没有特别的贡献，那么可能就是因为别的条件了。尤其当上司已经作出试探性的态度和行为时，如果你不准备交换，就应该作出适当的回应，并保持适当的距离，让其在暗示试探阶段就知难而退。当然，你也就不要期望享受"特殊关照"的待遇了。

所以，如果你不想被"潜规则"，就要注意自己的衣着和言行，避免过于性感、随便，让别人产生不必要的联想。一般来说，作为一个职场经理人，对自己在企业的形象、声誉不会不在乎，即使对某个漂亮女员工产生好感或意图不轨，也不会贸然强行采取行动。一般从暗示挑逗试探开始，视对方反应再逐步发展的。菁菁前期态度不够明确，才导致上司后来的进一步行动。而菁菁最后的反应是正确的，既避免了事态的发展，也没有捅破，让上司有台阶可下，也算是恰当的补救。

日后，就看自己在工作中的表现了。如果菁菁能在工作方面给予上司更好的协助，就会有机会重新赢得上司的重用，将"潜规则"转化为正常的工作关系回报。

二、希望少付出、多回报

职场上也有"潜规则"是双方自愿发生的。一种是双方真的有好感，辅以一方有条件给予其他方面的回报。另一种是纯粹出于自身条件和个人价值观导向，认为可以通过先天的外在资源就可以获得一般人努力很久才得到的东西。这里不评说是非，只是在面对这种情况下发生的"潜规则"时，也需要具备应有的心理准备。第一，面对别人的非议时自己要能坦然接受，否则长此以往会让自己陷入内心的纠结和低价值感。第二，当人事发生变动，自己的"靠山"不再存在，自己的工作能力是否能应付往后的发展。所以，任何情况下，培养自己的实力还是最长远的打算。

我的领导是"唐僧"

镜像

华华讨厌开会，应该说华华是讨厌会中领导的发言。随着对自己业务专业越来越熟练，在入职后的一段时间每次开会华华都积极发言表达自己的意见，也获得领导倾听，但最后并不是都采纳。这让华华很受挫，也让她觉得领导没专业水平。每次项目会议，领导总是先例行阐明"三个原则"，而且每讲完一点都要重复强调，仿佛怕大家没听到似的，也让急性子的华华很是不耐烦。到了项目讨论环节，领导总是先笑呵呵地肯定各专业岗位的重要性，然后让大家积极发言。对于每个人的发言都点着头说"很好""不错"，所以很多时候都是大家各抒己见，领导仿佛没主见地听着，任凭大家叽叽喳喳地争论。大家一轮争论之后，领导才又先点评各个观点的合理之处，不过往往会跟着"但是……"。最后，领导的作用只是决定采纳那种方案，或归纳大家意见后提出一个皆大欢喜的综合意见。

华华常常纳闷，怎么就凭这样没看出有哪方面技术专长，好像跟主持人一样的人也能当领导。整个部门一直自行运作良好，没有这个领导估计也不会有太大的影响。反而，部门里面各具技术专长的人才，却多年来没升过职。越想越觉得职场有时候真是不公平啊！

秘笈

认清自己的位子，所谓"屁股决定脑袋。"对领导的评定不是由你决定的，而你的评定却是由领导决定的。

修炼

作为职场新人，必须认清一个现实，就是职场不存在绝对的公平，职场以外也不存在。存在即是合理。领导能坐上这个位子，一定有他的价值所在。在一个企业中，各个专业环节的人员就像一台机器的不同部件，而领导就是整合协调这些部件，让机器顺畅良好运转的人。

我们先来谈谈作为下属，应该如何理解领导的行为。

一、领导发言要领：抓住要点，重复，重复，再重复

一个善于发挥影响力的领导，必然是善于引导下属朝着自己的方向思考，并最终通过决策达到自己想要的结果。为什么领导开篇总是像唐僧一样啰啰唆唆强调原则要点？大家有没有发现，在很多会议场合，领导发言其实都会习惯重复自己的话。被公认擅长演说鼓动民众的大独裁者希特勒在他的自传《我的奋斗》里说过，"任何有效的宣传都必须限制在很少的几个点上，并且不断重复这些标语直到每一个公众成员都理解为止。"这就是为什么说谎言被重复一百遍就成了真理。这是有心理学依据的。信息通过重复传播，会让人对信息的可信度提高，从而导致不经过思考就顺从接受。请记住，重要的事情说三遍！

二、要别人接受自己的观点，就要先肯定别人

领导者们知道，让别人更易于接受自己观点的另一个方法，

是从传达听众赞同的观点开始,这样会使传达者看上去很聪明,因为听众多数都是认为自己的观点是对的,同时还可以将听众的情绪引向正面的惯性方向。所以,领导点评总是先肯定,然后再"但是……",这样即使是批评意见也会让人好接受多了。

有心理学家做过试验,让主持人对一些容易让人产生模棱两可态度的观点进行提问,被试只需回答"赞同"或"不赞同"。对第一批被试的提问列表上,前面几个观点都是大家普遍会回答"赞同"的,而对第二批被试的提问列表上,前面几个观点都是大家普遍会回答"不赞同"的。当然,后面的观点是一样的。试验结果显示,对于那些模棱两可的观点,第一批被试回答"赞同"的明显多于第二批被试的。让别人认同自己的观点,从引导别人形成正向态度开始。

三、暖场,是为了更好地交流

领导在入正题前,很多时候会先跟大家闲聊寒暄几句,这当然不是无聊浪费时间。这是在"暖场"。让人在愉快的情绪下表达自己的观点或听取你的观点,态度都会积极正面很多。虽然我们总是高估自己的理性的作用,但人都是有情绪的,我们的决定往往受到特定情绪的影响。社会学家斯宾塞说过,"对意见起最终决定作用的是心情而不是智慧。"当信息与好心情联系在一起的时候,它们会有更强的说服力,也有利于引发积极的思考。这就是"好心情效应"。

所以,一个好领导会化影响力于无形,让最终的决策朝既定的方向发展。华华看到部门好像没有这个领导也能良好运作,正说明了领导能力的高强。理解了领导的行为,我们才能知道自己的角色该做出什么恰当的反应。

四、提建议要从自己的位子出发，是否采纳由领导的位子决定

华华作为职场新人，积极发言表达意见的态度没有错，但意见不被领导采纳时也不应该从自己角度认为领导决策错误，因为领导的决策角度是综合了各方面信息考虑的，而有些信息可能在华华的层面并不了解。如果华华在发言前先多听其他人的看法，再从自己专业岗位角度提出建议，即使最后不被采纳，也是作为参考对比意见参与到了其中。

五、摆正心态，通过表达观点积累印象分

作为职场新人提建议不被重视或采纳是很正常的事，因为一个意见是否容易让人接受，发言者的地位和权威性也是有一定的影响的，这是我们普遍具有的心理现象，包括我们自己也会受这种影响而不自觉，并不是某个群体或某些领导的问题，俗话说的"人微言轻"就是这个道理。想要自己的话一言九鼎，那么就努力吧！在你成为专业领域资深人士或团队领导前，表达观点或意见更多是为了表现自己的思考能力和表达能力，积累印象分而已。从这个角度理解，心态就会平衡很多，避免了挫折感等负面情绪产生。

第二章
初涉职场

有一种上司叫女上司

镜像

不久之后,"唐僧"调走了,华华迎来了新上司。可华华并没有因此而产生新期盼,反而多出一份忐忑。原来这是一位"女上司"。平时华华也有耳闻,跟女上司会多很多麻烦,例如女上司容易偏心男同事,女上司情绪化和小心眼,尤其遇上更年期的女上司就更难搞了。诸如此类的江湖传闻,让华华很是不安。自

己平时性格大大咧咧，直来直去，万一女上司真是小心眼的人，那岂不是很容易得罪了她自己都察觉不到？

至今为止，华华对于女上司的直接印象只来源于公司两个部门的主管。一位是人事部的主管，最突出的感觉就是特别细心、严谨，平时对员工态度倒也温和，说话很有技巧，很有说服力，跟部门里的员工平时也会拉拉家常。另一位是物流部的主管，风格是比男人更男人，做起事来雷厉风行，骂人不眨眼。部门里的员工都怕她。华华这回决定主动出击，早做准备。她就应该怎样跟女上司打交道分头向两个部门关系比较熟的同事取经。这次取经的收获还真不少，既让华华感到意外又宽心了不少。

秘笈

无论什么风格的女上司，都存在女性的特质。理解了这点，女上司就不可怕，并且比男上司更易建立亲密无间的合作情谊。

修炼

职场上经常听到最怕女上司的说法，尤其女员工。一来她们认为同性相斥，女上司难伺候。二来她们认为女性能在职场做到跟男性平起平坐的位置，一定是付出了非一般的努力，工作要求肯定更加苛刻等等。女上司跟男上司的差别其实没那么大，害怕女上司更是没道理。只要放下成见，调整好心态，与女上司合作也有独特的好处。

一、严厉苛刻的女上司最需要的是尊重和认同

中国传统观念认为社会工作的主导是男性，女性更习惯侧重于家庭角色，即使参加工作也多数处于从属地位。所以，能通

过自己努力跻身到领导位置的女性，当遇到上司角色和女性角色冲突时，就可能会将领导角色放大，以抵抗社会偏见。这种情况下，她们往往更希望得到别人的肯定，也因此在工作中表现为更爱面子；更计较得失；控制欲更强；对制度更加偏爱；对别人的意见更为敏感。《穿Prada的女王》里面的女魔头上司就是这类型的极端表现。她们往往能力突出，工作忘我努力，但表现出来就是严厉苛刻，强势霸气。

与这种女上司相处一定要注意遵守等级制度，尊重她们的意见，并一丝不苟地执行。还要注意，这类型女上司由于长期处于与男性竞争的状态中，相对存在焦虑心态，所以对效率要求也比较高，切忌拖拉。

二、对待细致严谨的女上司需要关注细节，注重规则条理

由于女性天生的特质，也有不少女上司在工作上趋于细致严谨，比较着重琐碎细节的方面，有时忽略远景目标，但通常比较细心耐心。与这类型的女上司相处就要注意从穿着到言行举止态度都要得体，关注细节，切忌粗枝大叶，做事注重规则条理，不可盲目冒进。

三、对于女性的沟通方式和情绪的理解，女下属与女上司更易建立紧密合作情谊

女上司由于在沟通方式、爱好的话题等方面都具有女性天生的倾向，所以在与女下属工作内外的沟通更容易融合和取得共鸣，对于女下属的情绪或困难也更能理解。当然，女上司也会受情绪困扰，面对困难和压力时也需要同事的心理支持。所以，只要工作上顺应上司的风格要求，情感上多细心关注上司情绪变化，适时给予关心理解，分享一下女性关心的信息和话题，与上

司的关系自然逐步和谐紧密起来,也少了与男上司之间的分寸避讳。另外要注意,出于女性天然的敏感比较心态,在女上司面前尽量避免过于艳丽招摇的衣着,多数的女上司都不会喜欢这样衣着风格的女下属,原因就无须赘述了。

要不要加入"小圈子"

镜像

经过一段时间的磨合,菁菁与各部门同事之间的关系虽然有所改善,正常的工作关系可以应付,但她总觉得自己在公司没有归属感,每天上班下班的生活规律而机械,根本谈不上快乐和满足感。加上与上司的"潜规则"事件之后,上司对自己也不再有更多的关心和关注,失落感是难免的。

这天,菁菁来到行政部领文具,文员小罗不经意看到菁菁新做的美甲,好奇地问:"哇,你这指甲做得真好看!在哪做的

呀？我也想做好久了，就是不知道哪里做得好耶。"菁菁遇上知音也很高兴，答道："就在我家附近新开的美甲店，新开张期间还有优惠呢。"小罗急切地说："呀，太好了，找天下班你带我去好不？"菁菁笑着答应了。

两天后，菁菁就如约带着小罗，还有跟小罗来往密切的人事部小杨一起去做美甲了。做完美甲，小罗和小杨都很满意，心情大好，就提议一起吃了东西再回家。说到吃什么的话题，菁菁提议吃麻辣火锅，另外两人当即热烈响应，原来她们都爱吃辣。于是三人开开心心吃了一顿"八卦"晚餐，在公司一向独来独往的菁菁听到了很多她所不知道的公司"八卦新闻"。这次以后，一来二往，她们就结成了三人小圈子，常常一起午餐，聊聊美容时装或娱乐八卦什么的。菁菁终于感觉在公司有了一点温暖感。

随着时间一长，新鲜感和起初找到友谊的快乐感慢慢减弱，小圈子的关系也萌生了一些问题。菁菁隐隐觉得自己跟她俩除了来来去去那些话题，其他深层的思想基本无法交流。而且随着接触的深入，她发现小罗工作懒散，还贪公司小便宜，比如会利用买玩具之便用公款给自己多买些东西，有时还顺手给菁菁也买个相册、手机套什么的。菁菁内心是反感这种行为的，但一番好意不收下又怕被误认为不领情而影响大家关系，收了心里真不舒服。还有小杨，作为人事部人员总是管不住自己的嘴，喜欢传播公司员工的事情。大家对她俩都是颇有微词的。更让菁菁忧虑的是，因为她们的关系在公司有目共睹，上司和有些同事对她的观感和态度也发生了一些微妙的变化。菁菁真是感到进退两难了。

秘笈

　　有人群的地方就有圈子。我们无法选择大集体，可我们可以

选择自己工作生活的"小圈子"。

修炼

我们说的公司"小圈子",是相对于整个公司的大群体而言的小群体。是不是所有公司都会有"小圈子"?根据组织行为学家约瑟夫的发现,一般而言,当公司人数超过十二人,每个成员能够一对一充分和其他人交流的可能性就会大大减少,就容易形成感情特别好的小圈子。可以说,"小圈子"是公司这个大集体下面自然形成的小集体。

那"小圈子"到底好不好,要不要加入?那要看自己的个性和需求了。关于"小圈子"问题,这里有几点建议提供参考。

一、当在大集体中得不到需要的情感支持或归属感时,"小圈子"就成了情感的港湾

当公司有一定规模,管理日益规范化、流程化的时候,人与人之间的情感交流相对会削弱。这时,小圈子通常就会应运而生,让员工相互之间提供一定的社会支持。美国著名心理学家萨拉森等认为,社会支持是个体对想得到或可以得到的外界支持的感知,这种支持可以提高个体的社会适应性,使个体免受不利环境的伤害。

著名心理学家黄希庭把社会支持界定为情绪支持和手段支持。情绪支持包括共鸣、情爱、信赖,满足了我们对归属感的需求。手段支持包括援助、信息支持,就是我们可以通过小圈子获得相应的信息或自我评价信息,帮助我们解决问题和自我定位。

作为职场新人,在新的集体中比较需要情感上的支持和归属感,遇到志趣相投的同事,在工作之余一起聊聊天,一起参加一些娱乐活动，对于融入集体适应新环境是有好处的。

二、选择什么样的"小圈子"，就是选择什么样的人际关系模式

我们可以把"小圈子"大体归纳为两种性质，一种是友谊性质的圈子，即同事间出于爱好、价值观等相近而自然结成的圈子，大家一起谈谈摄影、音乐、时装等等，这种可以让我们与同事在工作之余结下良好情谊的圈子，有利于我们更热爱公司，工作时更有愉悦感。另一种是政治性的圈子，即出于工作需要结成的利益性圈子。圈子成员彼此间通过互相交换信息或行动支持来达成各自的利益需要，这也是公司小圈子的常见类型。

你选择了什么样的圈子，就代表着选择了什么样的人际关系模式。如果你是希望通过加入有实权、对你在公司发展有实质帮助的政治性小圈子的话，就要特别小心了。因为这是一把双刃剑，公司权力派别复杂，权力变更是常事。一旦加入了一派，就意味着与其他派别对立，慎防"站错队"，一旦"站错队"，那就得不偿失了。如果选择纯属友谊性的小圈子，也要带眼识人。如果是在公司口碑不好的人，要与其适当保持距离，以免被上司和其他同事造成"近墨者黑"的不良印象。另外，尽量避免以八卦是非来交换友谊，可以听，但不要传播或轻易评论，因为你的言论很有可能会传出去，尤其小圈子出现矛盾的时候，就会让人留下攻击你的把柄。

三、"中间派"也有可能"渔翁得利"

如果你的个性够独立，心理够强大，也可以选择"独善其身"，不加入任何小圈子。当然，这不是说独来独往与所有人疏远，而是与不同的人都保持适当距离，友好沟通，但又不会明显

偏向哪派。这有时候会带来意想不到的结果，当两派矛盾争持不下时，没有明显圈子的人最后反倒可能变成大家都可以接受的人。

总之，作为职场新人，谨记"一慢二看三通过"。不要急于加入小圈子，先看清形势，站对队，那么才不会使自己陷入圈子变为圈套的两难境地。实在没把握的话，就走一条"好好学习，天天向上"、不卑不亢的中间路线吧。

听说要来新Boss

镜像

这两天,玲玲有点闷闷不乐。人事部出了通告,玲玲部门主管将要离职,会从公司内部调派另外的同事接任。一下子,公司各路人马私下纷纷交头接耳,关于现任离职原因和谁是继任人的小道消息出现了多种版本。这不,上午菁菁就借故过来跟玲玲神秘兮兮地吹风说:"听我老板说,你们的'头儿'是被大老板劝退的,因为大老板要把外区的一个'自己人'调回来,那个人跟你们的头有过节呢。而且听说这个人在外区名声很坏,有绯闻,喜欢玩心计,你可要小心才好。"这番话使得玲玲说得本来已经七上八下的心情更是一下掉到冰窖里了。

中午,华华又拿着盒饭过来边吃边聊。华华开心地说:"哎,听说你们的头是被猎头公司高薪挖走的呢!公司可能会提

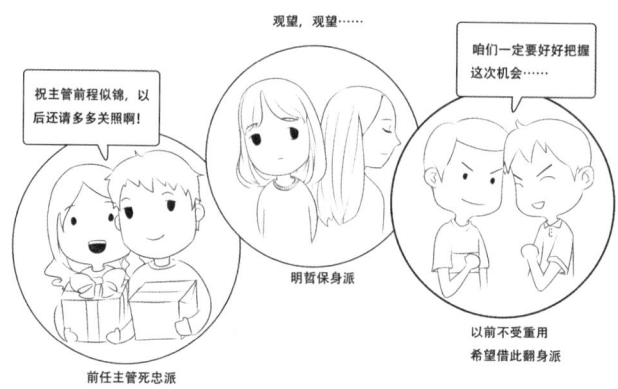

当顶头上司即将换人时

拔另一个资深的业务骨干当你们的新头头哦。不过我就不知道公是谁来了。"这下，玲玲心情感觉轻松了点，但公司那么多传言，她真的分不清该信谁的，所以一下也没说什么，只是笑了笑。

部门里的同事也是喜忧参半，跟现任主管关系比较铁的老员工是"忧派"，一朝君子一朝臣啊。还有个别一直不受主管重用的属于"喜派"，心中燃起一丝新希望。对于主管的态度也是各有变化。"忧派"中又分两类，一类是"死忠派"，频频与主管吃饭喝酒，表达依依惜别之情，还有希望主管开创一番新天地，以后多多提携之类的。一类是"明哲保身派"，收到消息后立马跟主管刻意保持距离避嫌，只是说些"前程似锦"之类的客气话，生怕被看做是主管的人，影响日后跟新主管的关系。

玲玲作为部门里的新人，主管平时对她也挺好，她对主管是有不舍，但也没有太多参与讨论这件事，对主管除了表达了感谢之情，也还保持一贯的尊重。但是，第一次经历职场人事变动，而且还是与自己戚戚相关的顶头上司的变动，玲玲还是感到有种莫名的不安。

秘笈

面对职场传闻，最合适的态度就是没有态度。面对职场人事变化，最合适的心态就是适应变化。

修炼

希腊哲学家赫拉克利特有句名言："唯一不变的是变化。"职场也一样，人事变动是职场的常态。每一次人事变动事件，都必然引发大家对事件的不同看法或解读，从而导致不同的行为反应。面对"山雨欲来风满楼"的情形,我们该如何应对?

一、在"山雨欲来风满楼"中,淡定做个"听风者"

心理学认为人们对事件有预先知觉和解释的基本现象,叫预先判断和期待效应。即使同一个事件,在不同人心中会产生不同的刺激从而导致不同的知觉判断。因为,我们对于事件的判断会受到各种非客观原因的影响,比如先入为主的信念固着偏见,还有不同情绪下的判断。所以,首先要了解,对于即将出现的变化传闻满天飞,莫衷一是的现象实属再正常不过。

俄罗斯导演库勒乔夫就曾经做过一个实验,通过操纵人们看一张脸的背景来控制人们对情绪的知觉。他制作了三个能引发观众三种不同情绪的短片先后播放,最后呈现一个演员中性表情的面孔,要求观众判断这个演员的表情是什么。观众认识到的表情依次为悲伤、沉思和高兴。这个实验证实了"库勒乔夫效应",它说明了尽管事实只有一个,我们的思维却会透过我们的信息、态度和价值观去对这个事实作出不同的解释,然后据此做出不同的行为。

利用"库勒乔夫效应",我们还可以反过来看,其实透过各人对这件事的看法就可以了解到其立场和对事件的态度等,这些都间接反映出公司人际关系的脉络。只要冷眼旁观,这不失为一个观察公司人际环境的好机会。

二、此心不动,随机而动

王阳明心法有云:"此心不动,随机而动"。作为职场新人,面对公司人事变动,尤其是直接上司的变动,容易受到周围传闻的影响产生心理上的波动和压力。这时首先要明白,变化是自己不能控制的事实,唯一可以控制的是自己的心态。保持良好的情绪，积极的心态，冷静判断各种信息来源，多观察，因为这是了解公司人际关系的好机会，为日后的处事和发展积累信息。最后一点很重要，就是少发评论，少踩地雷。

记住，面对变化，只有在思想和精神都放松的状态下，才能做出最好的反应。

好人、能人不如自己人

镜像

玲玲的新主管如期上任。新主管上任第一件事是循例召见各个员工，一方面是为了从不同侧面了解部门业务情况，更重要的方面是了解人。因为业务情况大部分信息通过公司文件数据已经可以掌握到，所以面谈更多的只是看人。

一轮召见后，工作照常进行。只是大家发觉，新主管越来越喜欢让玲玲跟进一些事情，对玲玲的重用程度甚至超过了部门原来的业务骨干。作为一个部门资历最浅、能力也不突出的员工，对此大家心里是有想法的。但平时除了看到玲玲比较多地主动向主管汇报工作外，也没看出有什么特别的状况。大家有所不知的是，玲玲早就在主管新上任面谈的时候打下了良好的关系基础。

让我们回看一下玲玲当时和新主管面谈的情形。经过之前的铺垫和心理调整，玲玲思想上有所准备，就把这次面谈当做第二次面试。除了例行向主管汇报了自己原来的工作情况以外，核心部分是以下的交流——玲玲态度真诚地说："我虽然来公司的时间还不长，但很喜欢这个公司，希望可以在公司长久发展。本来很希望有机会跟主管多多学习，可惜一直没有太多机会。还希望以后能有机会得到您的指导和帮助。虽然我能力不是特别强，但我最大的优点是忠诚。我会努力执行您的指示，让您满意的。"

主管点点头，问："前任主管应该也不错吧？"

玲玲也点点头，回答说："嗯，是挺好的，我也很尊重他。

就是我觉得他比较严肃，所以平时也不太敢主动打扰他。但是您给我的感觉就是很平易近人，在您面前可以很放松的……不好意思，一下说了那么多。以后我有什么做得不对的希望您多多指点呢。"

随后，玲玲在背后跟人凡是提到新主管时都是正面的评价，这些，自然间接会传回到新主管的耳朵，心里慢慢就把玲玲视作"自己人"了。

秘笈

"好人"在道德上制约领导，可敬但不可爱；"能人"让领导缺乏安全感，可用但不可信；而领导最爱的，是可爱又可控的"自己人"。

修炼

有职场经历的人可能都会发现这样一个现象，在公司里，最受领导信任和重用的往往不是最有能力的人，也不是大家眼里的大好人，而是领导心目中的"自己人"。为什么"自己人"那么重要呢？这是个关于控制感的问题。我们知道，每个人都需要控制感，就是我们要有相信自己能够控制或影响某些事情的感觉。而作为管理者最需要的控制感就是对人的控制感。

控制感可以影响我们的自我效能感，让人更加乐观自信。而长期缺乏控制感的人很容易陷入习得性无助和悲观消极状态。一位美国科学家就做过一个试验，将一群人关在音响室里，不断提高音量，直到受试者表示拒绝，以此调查人们对噪音的给人造成的不适的承受程度。这个试验同时在A音响室和B音响室进行。而A音响室和B音响室只有一个区别，就是B音响室的墙上有个红色的紧急按钮，受试被告知如实在感到不能忍受时可以按紧急按钮。结果B音响室的人承受的噪音明显要大得多。可笑的是，那个紧急按钮根本不管用。这个试验说明，人需要控制感去支撑我们面对困境的勇气。

管理者需要有对人的控制感，通过对人的控制，达到对局面的控制。那么，什么样的人才是最能让管理者感到可控的呢？当然是最忠诚、最不会离开的人。领导需要有能力的人去做事，而对领导忠诚，在某些方面需要依仗领导的"自己人"更能让领导感到愉悦，有控制感，容易放心使用。那么做好人呢？好人可以做，但要有度，避免成为群体道德标杆的大好人，也会削弱领导者的光辉形象。

怎样才能成为领导的"自己人"呢？

第一，让领导对你有控制感。主要有两方面：一是忠诚，就是表忠心，只有让领导相信你的忠诚，才可获得信任。二是依靠领导，密切汇报。只有让领导随时了解自己的工作动向和想法，才会让领导有控制感。那些虽然有能力独立完成自己的工作，但疏于向领导汇报进展的员工，是不能让领导完全放心信任的。

"控制感"让人在困难面前不那么慌乱

第二,让领导有愉悦感。弗洛伊德提出过,人的本能都是追求快乐而逃避痛苦的。领导也是人,所以领导也需要身边的人是可以让自己开心、放松的。我们常说某人很讨喜,就是很讨人欢喜。讨喜的人一般都是受欢迎的人。就像韦小宝,虽然一无所长,就凭三寸不烂之舌,会哄领导高兴,就深得领导喜爱和信任。我们不是鼓吹阿谀奉承,但懂得让周围的人愉悦,善于传播快乐本身也是利人利己的好习惯。

最后补充两点:第一,尽量不要在新领导面前说上一任领导的坏话。因为有思想的领导都知道推己及人的道理,你能够这样对待前任,将来也可以这样对待现任。再说,山水有相逢,你不能保证与前任领导不会再见面。

第二,背后说人好话往往比当面说来得真诚,效果更好。当面称赞听惯好话的领导更难掌握火候,过则献媚,不及则不痛不痒。

替罪羊

镜像

自信专业能力不差，工作也算尽职尽责的华华，总觉得怀才不遇，不受领导待见。终于，机会来了。

华华的部门接到公司老总下达的指令，代表公司参加一个大型项目的竞标，而且志在必得。接到任务后，主管立即召开部门会议，通报了这个项目，并提出要组成项目小组提交竞标方案。听到项目标的，大家眼睛都亮起来了，摩拳擦掌。随后，主管交代了这次报名参加竞标的主要对手还有A公司和B公司。大家一听，气氛马上沉寂下来。行内的人都知道，这两家公司不但实力背景强大，而且只要他们参与竞标的项目，十有八九都能拿下来的。主管看大家都不吭声，没有主动请缨的，于是就逐一点了几位员工，其中华华也在列。主管说："就由你们几位担起重任，李明做组长，小组共同讨论，一周内把竞标方案交上来吧。"大家只好硬着头皮接下来了。

下午，组长召集大家开项目讨论会，讨论竞标方案，包括设计方案、成本预算、实施周期等，让大家讨论。成员都知道这次竞标的胜算几何，也例行提出了各自的意见。华华第一次参加这么大型的项目，初生之犊不怕虎，自然踊跃发言。最后，当组长问哪位愿意作为统筹方案的执笔时，没人吭声。组长沉吟一下，转向华华说："华华，你工作效率高，手头的事情暂时也不多，这次由你来执笔，就当锻炼，怎么样？"华华想想，这也是自己

第二章
初涉职场

一个表现的机会,就答应了。

随后几天,华华全情投入到方案上来,遇到不清楚的地方,就主动跟相关组员沟通,没有一晚不加班,终于赶在期限前一天,华华把完成的方案交给组长审阅。组长当天看完后,对华华大加赞扬,并提出了几点要修改补充的小细节。说:"明天就要交给主管了,时间太紧,你改完后直接交给主管就行了。"华华受到赞扬,很是开心,几天的辛劳总算值得。晚上抓紧把方案完善后,第二天就及时交给了主管。

公司竞标输了,主管被老总痛批了一顿。出了老总办公室,主管黑着脸把组长叫进了办公室,质问道:"对比竞争对手的方案,我们的各项指标都过于保守,没有一项有优势。这次是老总志在必得的项目,你们却没有做到最高的标准。我想听你解释!"

组长懊丧地叹了口气说："这次方案是由华华统筹执笔的，我看过也提出很多意见让她回去修改的，谁知她并没有完全按照我的意见修改，就匆忙交给您了。我作为主管也有责任，错在对华华太信任了，唉，毕竟是新人。"主管对组长的"用人不当"狠狠批了一顿，心里对华华也埋下了看法。

秘笈

"替罪羊"理论告诉我们：君子不立危墙之下。学会自我保护，不轻易强出头。

修炼

很明显，在这件事上华华充当了替罪羊。

工作中，我们都是希望自己有好的表现而不希望证明自己能力不够的。从归因理论来说，人们都有自我服务倾向，即一件事如果做得好，大都倾向于认为是自己的能力和努力的结果；而当结果不好时，大都认为是因为客观因素而不是能力问题。而当面临比较极端的情况，比如事情的结果是我们不能承受的时候，就容易产生逃避心理而转移责任。痛苦、挫折或者达成目标受阻常常让人产生敌意。当我们遭遇挫折的原因令人胆怯或者莫名其妙的时候，我们往往会转移我们的敌对方向，这种"替代性攻击"现象，就是心理学说的"替罪羊理论"。

替罪羊的典故来源于《圣经》故事，据说上帝为了考验亚伯拉罕的忠诚，叫他带着他的独生子以撒到一个指定的地方，并把以撒杀了祭献给上帝。正当亚伯拉罕要拿刀杀他儿子时，有个天使及时阻止说："现在我知道你是敬畏上帝的了，前面林子里有一只羊，你可以用来祭献上帝。"于是亚伯拉罕就抓了那只羊杀

了代替儿子祭献给上帝。这只羊就成了"替罪羊"。

人在职场，把握机会很重要，但学会辨认陷阱、懂得自我保护更重要。俗话说：君子不立危墙之下。当一个"不可能完成的任务"或与你的能力、职位有较大距离的机会来到你面前时，那就要万分小心了，这可能是个陷阱，警惕自己被当成替罪羊。

以华华的个案为例，下面谈谈遇到这种局面该如何应对。

一、先"趴着"，不要盲目冒头

尽量低调，这样可以降低被"盯上"的概率。

二、巧妙示弱

一旦被摆到台面上难以拒绝时，可以利用女性的有利条件，巧妙示弱，事前主动示弱总比事后被动挨批对个人的负面影响小得多。

三、让"我的"变成"我们的"

实在推脱不了，也要为自己找件"防弹衣"。多请示项目负责人，无论如何也要让组长审核，并由组长提交，有规有矩，不越级。这样，可以让负责人充分参与到自己的工作，由"我的"变成"我们的"，有功不独享，有责任也不会被人随便推卸到自己身上独自承担。

职场自我保护要诀：打得过就打，打不过就跑，跑不掉就"抱在一起"。

身边的"小人"

镜像

菁菁一直有网购习惯,这几天老板出差,事儿不多,恰逢网商大促销,她又忍不住上网疯狂了一把。两天后老板出差回来,就把菁菁叫进了办公室,像是征询其实是通知的语气说:"菁菁,你现在的工作量,完成起来感觉还比较轻松吧?我想这样,你帮小林分担一下,把小林手头客户订单核对统计这部分接过来。"菁菁知道这部分工作是很麻烦的,平时也听小林抱怨过。就有点为难地说:"其实我的工作量也不比小林少呀,而且她跟进了好久,客户都熟,是不是还是她跟比较合适?"上司一听就沉下了脸,说:"你不是还有时间上网购物吗?把上网的时间用来工作就可以应付了。就这样吧,今天就交接。"

一听这话,菁菁心里咯噔了一下,就也不敢再说什么了。走出老板办公室回到座位,后面的小林就凑上来故作亲热地说:"老板让我跟你交接,真是太不好意思了,以后辛苦你了。"菁菁直觉觉得,老板知道自己上网购物的事一定跟小林有关,但也没话好说,只能一股气闷在肚子里。

这次以后,菁菁上班就总觉得背后有双眼睛盯着自己,再也不敢在上班时间上网购物,工作更加专注,跟客户打电话核对订单也加倍注意沟通方式,生怕被后面的耳朵听出什么把柄又去打小报告。

一段时间后,菁菁感觉老板对自己的态度明显好转。有天老板

第二章
初涉职场

过来还有意无意对菁菁说了一句:"我就说你能行嘛,有客户跟我说新接手的小姑娘态度很好,很负责任。不错呢!"老板走开后,菁菁回头扫了一眼小林,只见小林脸上露出了讪讪的表情。

秘笈

"那些杀不死我的,只会让我变得更强大。"活力源于神经保持适度的紧张状态。所以,"小人"是保持战斗力的"第一要素"。

修炼

有人群的地方就有可能有小人。提到小人无人不憎,无人不怕。但是我要说,职场成长之路,有时还真要感谢"小人"呢。

在解释为什么之前,我想先说个故事。很早以前,挪威人就有从深海捕捞沙丁鱼的传统。沙丁鱼味道鲜美,富含蛋白质,是欧美人最喜欢食用的一种鱼类。可是,沙丁鱼天性喜欢密集群栖,而且有惰性。当它们被捕捞上船后,常常因为挨得太紧而窒息死亡。由于渔船每次出海的时间都比较长,所以等到归来时,大多数沙丁鱼都死了。渔民们想了很多办法都不奏效。然而,有一条渔船总能带回来比别人多得多的活鱼上岸,由于活鱼比死鱼贵出好几倍,这条渔船大赚其钱。后来人们才发现了这条渔船的秘密。就是渔船上的鱼槽多了几条大鲶鱼。因为鲶鱼来到一个陌生环境后会四处游动,到处挑起摩擦。而沙丁鱼受到外敌冲击,会变得紧张起来,四处游动。这样,就大大提高了捕捞上来的沙丁鱼的成活率。后来,人们就从这个故事里总结出了一条规律,就是"鲶鱼效应"。"鲶鱼效应"对企业管理具有重要启示。对于企业中一些安于现状,不思进取的人,应该加入用于激励活力的"鲶鱼"。

一、小人如鲶鱼

职场中人,在同一个工作岗位持续工作一段时间后,如果没有新的激励因素,很容易产生职业倦怠感。工作热情下降,自律性减弱。这时候,如果身边出现了一个小人,那就等同于加入了一条鲶鱼。小人让我们小心翼翼,小人让我们的神经时时处于绷紧的状态,不敢懈怠,战斗力又回来了。

二、小人如警钟

我们不必惧怕小人,而是看见小人就如看见警钟,时时警醒自己做好本分工作,不要因为疏忽留下破绽。另外,少讲是非以免隔墙有耳,加强与领导沟通,阻断小人背后中伤的机会。为防小人,我们会更多地自我检查,更加自律。久而久之,我们会日趋成熟起来。

三、远之则怨,近之则不逊

当然,也要注意不能太靠近小人,远之则怨,近之则不逊。对于小人无需亲近讨好,太近则生矛盾是非。保持适当距离,不卑不亢,是对待小人最合适的姿态。

做自己的好事，让别人说去

镜像

菁菁因"小人事件"反而有机会获得上司赞赏，让她悟出了一个道理，上司对自己的解释和说法的重视接受程度，远远不如来自其他同事或外部客户的评价。自此之后，菁菁不再刻意跟领导报告自己的工作成绩，而是更刻意让身边的同事知道，希望通过群众的声音传到上司耳里。

可是，有心栽花花不开。有一次，上司起草的一份合同在某个关键地方搞错了，菁菁在打印的时候发现后，就自行改了过来，也没有跟上司提起，只是跟部门几个同事说起过这件事，期望自己的这番用心能传回到上司那里。但结果是这件事过去了就过去了，上司一直没有意识到自己的失误，显然也没有同事跟他提过。

还有一次，部门另一个同事因为手头上有些工作，上司交代的一项临时工作也吩咐要立即跟进。菁菁了解这个同事平时工作效率就比较低，估计按时交功课是悬了，就主动提出帮忙，同事也乐得顺水推舟让菁菁跟进了。事后，上司对这项工作的跟进是挺满意的，只是那位同事却没有交代是菁菁代劳。这让菁菁甚感郁闷。

秘笈

要获得领导好感，好话出自第三者的口的效果远远大于自卖自夸。

修炼

在职场打拼的人，都希望自己能得到领导的赏识和认可，才会有机会升职加薪。作为职场新人，努力做出工作表现是前提基础，但如何让领导看到自己的成绩和正面印象，也是需要用心注意的。从领导的角度看，最有信服力的表扬来自领导重视的第三方，而不是自我表扬。而人们愿意为别人说好话，也是需要有心理动机的。这就要了解什么人会愿意为你说好话？什么情况下会为你说好话？

一、出于真心感动、感谢的回报心态

如果你为别人做的事能让对方真心感动、感谢，对方领了你的情，就很有可能在合适的场合表达出来，这样就满足了人际回报的心理。

二、具有心理优势的一方更愿意公开表达赞许

一般来讲，一方愿意在第三者面前或公开场合表达对另一个人的谢意或赞许，在心理上是具有优势的。例如一个女人如果愿意公开夸另一个女人漂亮，那她首先心里会认为自己比对方漂亮，具有居高临下的心理优势。如果像上面菁菁那个同事，因为自己工作能力的原因，虽然受到别人帮忙，但心理上处于不愿承认自己做不来，显得自己无能，所以就不乐意宣扬这个事情。而客户主动在菁菁上司那里表扬菁菁，心理就不一样了。

三、向领导汇报工作时尽量以客观陈述的态度,包括个人的功劳

大多数领导都不喜欢自我表功的下属。即使你做出了贡献,领导也希望表扬和认可由领导自己来评判决定。所以,在汇报工作的时候应该注意表现出客观的态度,只陈述而不评价,对于个人表现也是点到即止。如果领导觉得有需要自然会向相关人员了解,好话留给第三者去说效果更理想。

一开始就让客户牢牢记住你

镜像

菁菁接手新的工作后,跟客户打交道的机会多了。习惯了办公室工作的菁菁,感觉最困难的就是分身乏术,面对的客户不是一两个,又要应付办公室工作,不能全部时间用于拜会客户。但很多客户见过一两次后,过几天打电话过去就记不清谁跟谁了,更谈不上熟络。刚接手时菁菁根据自己工作时间安排,采用的是均衡安排拜会各个客户的时间,一个月下来,总算全部见完了一次。可是,下次再见的时候,好些个客户对菁菁却"人生若只如初见",部分记得菁菁的还得益于她的外表。原以为凭着自己良好的形象和表达能力,做好客服这块工作是轻而易举的事。现在时过近两个月,多数客户对她的印象还只是"那个打电话很礼貌,很细心的女孩子。"怎样才能让客户尽快记得自己,跟客户建立稳固的客情关系,是菁菁面临的重大课题。

秘笈

利用人们记忆的规律,以良好的第一印象,先紧后松的接触节奏,高效地让客户记得你。

修炼

如何拜会客户才能给客户留下印象?怎样才能快速让客户记得你?这是职场新人普遍存在的问题。尤其是怎样安排会见客户的频率才合适？间隔太久会让客户遗忘，间隔太密又怕客户厌烦。我们常常发现，成熟优秀的业务员并不需要成天疲于奔命地跑出去见客户，但与客户的关系却能保持得非常稳固。这实在让还在每天疲于奔命见客户，还不受待见的新人们艳羡不已。其实，懂得了方法，聪明地迈出第一步，新人们也能很快达到那样的境界了。

一、背单词的方法，同样适用于让客户牢牢记住你

德国心理学家最大的贡献是通过研究发现了人类大脑对新事物遗忘的规律，并提出人们遗忘的进程呈抛物线状态。这个曲线就是著名的艾宾浩斯遗忘曲线。艾宾浩斯遗忘曲线揭示人们对新事物的记忆遗忘是先快后慢的。如新学习到的单词，二十分钟后记忆量剩下60%；一小时后剩下不到50%；一天不复习记忆量只剩下不到40%；两天后剩下30%%；一周后剩下25%……这个发现被广泛应用于制定复习计划尤其是英语单词的学习记忆上，效果显著。要点就是刚开始时复习间隔时间要短，然后随着记忆加深，复习间隔时间可以逐步延长，直到变成长期记忆，就基本不容易遗忘了。

这个规律同样适用于对新认识的人或者事物的记忆。说回菁菁拜访客户的例子。制定第一次拜访客户的时间计划时，应该先分批，同一批客户前期安排见面频率高一些，短期内的密集拜访让客户反复加深对你的印象，熟悉感产生后拜访频率就可以减少，通过电话和定期拜访维护，这样效率就提高了。

二、从第一印象开始让客户形成良好的联想记忆

第一印象为什么重要？我们前面说过，首因效应让人们对新认识的人通过第一印象的评价，会影响到往后一段时间内对这个

人其他行为的评价。除此以外，艾宾浩斯对于记忆的研究表明，人们的记忆基本分三个部分：感觉记忆、短时记忆、联想记忆。感觉记忆是一开始产生的记忆，转瞬即逝。要形成稳固的长时记忆，就要通过建立有效的信息联想。比如，第一次见面送个适合客户放在办公室的小礼品，当客户看到这个礼品就会联想到你；搜索跟客户社会关系的连接点，比如同乡、校友、共同认识的人等，加以突出强调，也可以形成联想记忆；了解客户的爱好、特长，并投其所好挑取自己熟悉的部分深入探讨，形成共鸣，这也是加深第一印象的有效方法。总之，第一印象除了外表，还有涉及人的感觉的方面。所以说，好的客户联系人员是最了解人性的全才。

找到自己的贵人

◌ 镜像

菁菁自从"因祸得福"得到了客户的好评,上司对她的态度明显又好起来,心情自然愉悦很多,工作干劲更足了,走路的步子都轻快了很多,甚至还会跟其他同事开开玩笑了。人的际遇有时候就是这么奇怪,心情顺畅了,面貌跟着改变,人缘自然会好起来,这多数意味着好运气将要降临。

这天,上司把菁菁叫进办公室,告诉菁菁一个喜讯。公关部主管辞职了,老总经过这段时间的默默观察,看到菁菁外表靓丽,笑容可掬,跟大家沟通也不错,关键是有大客户也直接在老总面前夸过菁菁。经过综合考虑,老总提议由菁菁升任公关部主管。也就是说,以后菁菁就直接向老总汇报了。这让菁菁喜出望外,幸福来得太突然,心想真是遇上大贵人了。

就这样,菁菁有贵人助力,在三个职场小鲜妹中第一个顺利跑出。

◌ 秘笈

你是什么人决定你将遇到什么人。世上从不缺贵人,缺乏的是发现贵人的眼睛,以及吸引贵人的特质。

◌ 修炼

职场也好,商场也好,贵人太重要了。什么是贵人?贵人有很多种，比如困难时适时给你鼓励，看到你犯错误能直言指出提醒，关键时候能给予帮助扶你一把等等，都是贵人。我们这里重点说职场上比较主要的贵人，通常指有一定高位，或有一定资源，并且欣赏你，帮助你事业发展的人。

我们常说：出门遇贵人。贵人真是可遇不可求的吗？不完全是。只要把握跟贵人投缘的特质，了解贵人喜欢什么人，遇上贵人的概率就会大大提高。那么，一般哪些人会更受贵人青睐呢？

一、让人产生愉悦感的人

谁都喜欢看起来开心愉悦的人，所以我们常常说要笑脸迎人。正如弗洛伊德指出的，人的心理都有寻求快乐，逃避痛苦的本能，这种本能是一切心理活动和行为的动力源泉。所以，让人产生愉悦感是吸引力的一个要素。贵人也需要有能让自己开心的人，这样才能更有幸福感。《红楼梦》里的凤姐之所以能手握整个贾府财政大权，呼风唤雨，最主要不就是会讨贾府最大的贵人贾母开心吗？每当贾母烦心的时候，见到"凤丫头"，只消三言两语就转忧为喜，乐呵起来了。就这样，凤姐需要倚仗贾母，贾母也乐得依赖凤姐。

二、懂得感恩的人

亲密的人际关系能够持续，最重要一点是平衡和回报。良好关系中的两个人，不可能长期单方面付出，这种长期单方面的付出会导致关系的不平衡，就难以为继。我们常说"投桃报李"，就是指别人给过你好处或帮助，就要给予相应的或更大的回报。例如，中国人讲究礼数，受过别人宴请，也要在合适的时候回请对方。每逢有喜事收过别人的礼，日后对方有喜事也要相应回礼。诸如此类经过数百上千年传承下来的传统礼仪，是基于对人际关系的深刻理解的。所谓的"施恩莫望报",其实也不是真的不望报,只是不寄望对方一定会回报,施予后才会心安,就当积德吧。积德,也就是追求一种间接的福报了。贵人会帮谁?一定是有感恩的心的人。所以,平素对别人的哪怕一点帮助也要心存感恩,适时表达,有恩必报,身边的贵人不帮你帮谁?

三、有进取心的人

贵人出手也是看对象的,因为贵人之所以能成贵人,多少是具有前瞻性眼光的。如果你自己没有进取心,不努力,贵人是不会花费精力在你身上的。随便看看得贵人相助而成功的例子就知道了。其中蔡锷就是一生得贵人相助而成功的典型例子。蔡锷出身贫寒,但因其刻苦努力,天资聪慧,先后得江标、熊希龄、黄遵宪、梁启超等鼎鼎有名的大贵人相助,最终成为一代名将。大家熟悉的分众传媒CEO江南春,当初倾其所有创业,曾陷入几乎一无所有的境地,关键时刻遇贵人,上海软银的余蔚因跟江南春同一小区,经常看到他起早摸黑非常勤奋,及时主动给予50万美元投资,帮助江南春渡过了难关。引用《牧羊少年奇幻之旅》的一句话:"当你真心想做一件事,全世界都会帮助你。"何愁无贵人?

四、交际圈广的人

最直接的理由就是,广交朋友,遇见贵人的机会自然增加。其次,我们都知道,物以类聚,要了解一个人最好的方法就是看他的朋友。一个没有多少朋友的人,自然人缘好不到哪里去,就更不用说遇贵人了。

总之,贵人可能是你危难时的救命稻草,也可能是你成功路上的助推器。职场之路,做个有心人,找到自己的贵人吧。

办公室恋情之一：爱上老板

镜像

菁菁走马上任新职位后，与老总的接触就自然多了。公司举办公关活动，老总的发言稿是菁菁起草的；老总接待重要客人，身边陪伴的是婀娜多姿的菁菁；还有，老总把自己大部分重要的政府关系也逐渐交给了菁菁去跟进。菁菁也不负重望，把公司的对外关系打点得很妥帖，菁菁对老总敏锐的眼光、果断的决策能力也非常佩服，两人的合作配合无间，日益默契。

一次，菁菁陪同老总出席一个媒体招待晚宴，是为了公司即将推出的新项目，需要各大媒体配合宣传的。席间，老总频频向媒体朋友敬酒，欢声笑语，气氛非常热烈。眼看老总酒力有点不继，菁菁挺身而出，主动跟大家敬酒。这是菁菁入职以来喝得最多的一次，虽然没有醉倒，但也有点微醺状态了。饭后，老总看菁菁喝得脸红红的，而且还是为了工作这么拼，心里感动，就提出送菁菁回家。老总细心地扶菁菁上车，然后和菁菁并排坐在后座。路上，还在酒精兴奋中的菁菁靠在座椅背上，侧头看着眼前的老总：有着四十多岁中年男人独有的成熟稳重，身上蓝色衬衣配剪裁得当的深灰色西服，显得儒雅而又风度翩翩。菁菁心头一荡，有点浮想联翩了。幸好喝了酒脸本来就红，不然真怕被老总发现自己的心事。下了车回到家，菁菁洗个热水澡就上床了。可是，久久不能入眠。原来，经过一段时间的工作合作，在菁菁的心底已经埋下对老总情愫，今晚酒后同车的一瞬间，这种连自己

第二章
初涉职场

女下属爱上男上司，往往只是爱上带着角色光环的那个形象

也没意识到的情愫一下被点亮了。

从此，每天上班菁菁见到老总虽然表面上工作还是如常，但内心却是不能再平静了。每天一早回到公司，菁菁就开始渴望见到老总回来，每一次工作接触都那么开心满足。可是下班回到家后，就开始胡思乱想。每想到老总已经有个温馨的家庭，自己的感情是没有将来的，就陷入了忧郁哀愁，又不能自已。就这样又过了两个月，菁菁明显消瘦憔悴了，工作时也心神恍惚，日益陷

入痛苦中。

秘笈

女下属爱上男上司，往往只是爱上带着角色光环的那个形象。

修炼

年轻女下属为什么容易爱上男上司？这关乎心理学上提到的"晕轮效应"。如果一个人的某种品质给人以非常好的印象，那么在这种印象的影响下，人们对这个人的其他品质也会给予较好的评价。"晕轮效应"在爱情和偶像崇拜中最明显。如果我们爱上一个人的某种特质，就会觉得这个人身上什么都是优点，有"爱屋及乌"的原理，这个过程中其实形成了夸大了的社会认知。

心理学家戴恩就曾做过一个实验，他让被试者看一些照片，照片上的人有的很有魅力，有的一般，有的毫无魅力。然后让被试者在与魅力无关的特点方面评定这些人。结果表明，被试者对有魅力的人比对无魅力的人赋予更多理想的人格特征，如和蔼、沉着、好交际等。

"晕轮效应"比较典型的有名人效应、以貌取人，还有服装定位、性格印象等。而对于男性来说，他在社会上的身份、地位、财富等外显优势最容易形成"晕轮效应"。很明显，男上司代表着在公司处于相对高位，一定程度上代表成功人士，这个已经具备了形成印象光环的条件。如果再加上良好的衣着品味，就更加容易被延伸推断到其他能力、品质的优点，引起女下属的仰慕就不足为奇了。以此类推，女学生常常暗恋男老师，女徒弟爱上男师傅等等，都是一个道理。

在这里，为有男上司的姐妹提供几条建议，未发生"晕轮效应"的可以防患于未然，已发生的就作为自我心理调节的参考，避免陷入虚幻的苦恋，身心受损，最终影响到正常的工作，满盘皆输。

一、卸下光环，还原本质

搞清楚自己最欣赏他哪些特质，这些特质跟他的外显光环有依附关系吗？比如男上司，如果卸下职位的光环，只是一个男性，他的性格、品质等对你还有吸引力吗？或者反过来，目前你欣赏他的那些特质，如果没有了现在的职位，那些特质还有可能会存在吗？这样可以尽量避免以偏概全的错觉印象。

二、注意"刻板印象"

就是避免按照预想的类型将人简单划分为不同种类，贴上标签。我们常有的刻板印象如：高职位的就是成功人士，能力强，有人格魅力；做生意的就是有钱人；老师就是博学多才，德才兼备的等等。这些都是忽略了个体差异的判定。要知道，高职位也可能是靠关系或其他机遇，也可能有性格缺陷。做生意也有做小生意或者生意失败的，不一定就是有钱人。老师可能就是只熟悉所教的科目知识，其他方面知识贫乏，或生活能力缺乏。

三、注意投射倾向

心理学上说的投射，就是指把自己的性格、态度、动机或欲望，投射到别人身上。正如印度哲人克里希那穆提说的："你就是世界。"我们常常会不自觉地把自己的预期投射到身边的人身上。比如，喜欢上对方，常常会觉得对方对自己也有意思。辛弃疾也写过这样的名句："我见青山多妩媚，料青山见我亦如是。"这是典型的心理投射。可见，投射是普遍性存在的。

四、避免"循环证实"

所谓"循环证实"，就是当我们对一个人产生了好感，认定他具有某种优点，日常中我们就会自动关注到与这个人的优点有关的信息，而屏蔽或忽略掉反面的信息，以致使我们自己的判断得到"验证"而不断强化。恋爱或者偶像崇拜之所以说有盲目性，就是这个道理。

办公室恋情之二：爱上同事

镜像

最近，大大咧咧的华华讲究打扮了，居然穿起来高跟鞋，说话的语调也温柔了。华华恋爱了。

事情的发展是这样的。按公司流程，客户部接到的项目，在实施阶段需要跟华华的部门对接，需要华华部门给予技术上的支持。前段时间，客户部小李接到一个新项目，刚好是跟华华这块对接。小李三天两头就要过来找华华，一来二往，两人就熟络起来。小李性格随和，人又风趣幽默，跟华华耿直的性格刚好互

办公室是恋爱的温床

补，所以非常合得来。刚开始，小李过来找华华时只是谈工作，谈完就离开。渐渐地，开始谈工作，谈完以后就谈运动，谈读书，谈美食，总有说不完的话题。后来，华华被主管叫进办公室严肃地"提醒"了一回，说工作时间注意公司守则，不要过多闲聊。这样，华华跟小李有一段时间又恢复了只谈工作的状态。但是，小李过来谈工作之余，有时还是给华华放下一本自己喜欢的书，或者一包小零食什么的。虽然没多话，华华还是倍感窝心。

后来，小李又不时以有个工作问题要问打电话给华华，他们就开始了频频的"煲电话粥"阶段。再后来，就步入了约会的正轨。俗话说：没有不透风的墙。华华跟小李的恋情很快在办公室传开了。有人善意地拿他们开玩笑，也有人说些闲言碎语，或者有事没事就跟华华打听他们的拍拖轶事，更有甚的还问到些涉及个人隐私的问题。搞得华华是既甜蜜又有点忐忑。甜蜜的是两人可以常常见面，忐忑的是感觉自己的私生活好像都被大家盯着，没什么隐私感。

秘笈

办公室是恋爱的温床，办公室恋情也是成功率较高的恋爱类型之一。

修炼

同事变恋人是常有的事，这是有"地缘优势"的。办公室恋情具备了引发亲密关系的大部分有利条件。

一、相近的距离是有利条件

社会学家已经证实，大多数人的婚姻对象是那些和他们居住

第二章
初涉职场

在相同的小区，或在同一个公司或单位工作，或曾在同一个班里上过课的人。也就是说，接近性会诱发喜欢，其中一个原因便是易得性。作为上班族，每天八小时都是在工作场所度过，一般来说，办公室是最易接触到异性的地方了。不过像某些职工性别比较单一的行业就另当别论了，所以这些行业的职工往往比较多出现找对象难的烦恼，就是因为少了一个结交异性的主要渠道。

社会心理学家莱肯和奥克·特利根报告有过这样的猜测，浪漫的爱情常常更像雏鸭的印刻，只要是经常与我们在一起，我们会爱上任何一个与自己有着大致相同的人格特征并且会回报我们感情的人。

二、出于合作关系对相互交往的预期提供了主观意愿

对相互交往的预期也有助于引发喜欢，发展亲密关系。这种现象具有适应性的意义。我们的生活中充满了与他人的关系，但并不是所有的关系都是我们能选择的，但有些是我们必须与他们进行持续的交往，比如同事关系。这样，具备期望对方是令人喜爱或容易相处的主观愿望，能增加彼此建立互惠关系，合作更加畅顺的机会。例如，同事之间，尤其有直接工作关系的同事之间，一般来说都会彼此经常沟通，联络感情，期望能建立友好的关系，在工作中达成互惠互利。

三、"曝光效应"催化了好感的产生

再就是"曝光效应"的原因，我们前面讲过，熟悉产生好感。同在一个办公室，低头不见抬头见。在这样的环境下，遇上彼此匹配的同事的机会自然相对大很多。可以说，职场也是一个找对象的理想场所。

但是，我们也要注意，凡事有利就有弊。办公室恋情，尤其

在中国国情下，同事之间有时候缺乏边界感，就是分不太清个人公私之间的边界。这个有部分是历史原因，以前单位就是组织，个人问题很多也是单位管辖的，包括结婚介绍人、证婚人很多都是单位的领导，甚至夫妻闹矛盾吵到单位寻求组织仲裁的事也时有发生。不像西方人注重隐私感，把工作与个人私生活分隔得比较清晰。这个对于新一代职场年轻人来讲是需要有自我适应和应对的心理准备。可以分享的就大伙儿一起乐一乐，涉及太隐私的部分，要坚持原则。久而久之，让大家知道你的底线，习惯了就自然不会追问。另外，相同部门的同事之间最好不要发展恋人关系，以免工作中出现避嫌的麻烦。有的公司甚至是明确规定禁止的。如果实在是有缘人，那也可以提出其中一个调离部门或另谋高就。做好了这些心理准备，就可以放心留意办公室里那双对你流露爱意的目光，并勇敢迎上去了。

第二章 初涉职场

不可忽视的小人物

镜像

华华自从跟小李恋爱后，每天上班的心情都不一样了。办公室不再仅仅意味着平淡的工作，还有对跟小李在一起的甜蜜。开始，为了不影响工作，华华和小李在公司都默契地保持正常同事般的交流，也从未向部门的同事透露过如何口风。奇怪的是，他们俩恋爱的事很快就在公司传开了。这让第一次谈恋爱的华华感觉很尴尬，毕竟这是自己的私生活。华华心想是不是小李跟别人提过了，才走漏了风声，可小李肯定地保证没有跟任何人说过。华华反复回忆这段时间以来的片段，想到只有一个人发现他们的事，毫无疑问就是她传开的。因为华华经常加班，很多时候别的

公司里不可忽视的小人物

同事都下班了，办公室就剩华华一个人。如果小李也加班的话，偶尔会过来找华华聊聊，有时候会通电话。有几次公司搞卫生的阿姨碰巧走进来，虽然表面上没有什么，但这些肯定是看得到的。当时华华看是清洁阿姨，平时少言寡语的，所以也没太放心上。

有了这个发现后，华华就留意起清洁阿姨来了。经过打听，原来清洁阿姨还是行政部主管的亲戚，退休后通过这个主管介绍到公司来搞卫生。不单如此，华华顺道还了解到他们部门最懒散的那个同事也是公司某部门经理介绍来的，怪不得一直没被炒掉。华华之前对这个同事还有点心理不平衡呢，不过见那个同事虽然不怎么干成事，但也没怎么惹事，时间长了就懒得计较了。不过这次也给初入职场的华华上了一课。

秘笈

职场中要获得别人尊重，就要保持不卑不亢的态度，尊重每一个人，包括看起来微不足道的"小人物"。办公室里的"小快乐"往往来自"小人物"。

修炼

每个公司都会有小人物的存在。何谓小人物，就是职位低微，不引人注意，影响力弱的人。这类人比较容易让人忽视，让人不会防范。但这类人往往冷眼旁观，更容易看到更多的事。虽然职位低微，但背后的影响力也不容忽视。所以我们要意识到在一个集体中，每一个人的存在都是有其价值和作用的。要做到尊重每一个人，不要有见高拜见低踩的势利眼，这样才是值得别人尊重的有素养的职场达人。

第二章
初涉职场

首先,职场人际关系复杂,作为新人在情况未明之下很容易在这方面触礁,到最后出了问题都不知道原因所在。其次,小人物对尊重和友善更在意。最后你会发现,在办公室里的小快乐往往来自小人物。在这里不妨再具体列举一些日常细节供大家参考。

请对每个打照面的人微笑,包括楼层保安、清洁阿姨、前台文员……每天保持,直到形成习惯。你会发现每天上班迎接你的也是一张张笑脸。

不要在背后悄悄说别人的是非,包括在洗手间、茶水间、电梯间……自以为"安全"的地方往往有一对耳朵在听。

请对每个微小的服务表示谢意,包括清洁阿姨帮忙清倒纸篓,前台文员帮忙收快递,隔壁部门同事临走前为加班的你留一盏灯……你对每一个小人物劳动的尊重,是他们得以有尊严地快乐工作的原因。

工余时间和同事分享带回来的零食时不要忘记小人物,平等自然的分享比忽略或刻意关照都来得受用。

同学聚会聚什么

镜像

刚毕业的头一两年是同学聚会最频繁的阶段之一。这不，上班才几个月，华华已经接到不下三次的同学聚会邀请。不过，华华只参加了一次就没有再去了。因为那次的聚会让华华感觉有点意兴阑珊。那次的聚会发起人是读书时并不活跃的一个同学，外号"避雷针"，因为就算打雷闪电他也可以不动声色。没想到毕业后却成了积极组织活动的人。那次聚会是大家毕业后第一次聚会，自然免不了各自交代工作现状。有几个同学表现特别活跃，

第二章
初涉职场

除了现在进入了世界500强企业的"避雷针",还有外号"老爸"的一位男同学,专程从外区驱车赶来参加聚会。"老爸"外号来源于读书时他的口头禅是"我老爸",皆因他老爸在当地部门任党政一把手,因此"老爸"毕业后顺理成章回老家直接进入了某重要机关,前进的道路已经给铺好了。另一位女同学"小妖",因娇俏妩媚得名,功课一般,最大的兴趣是拍拖。据说交了个大款男朋友,现在主要工作就是陪男朋友出差旅游,闲时逛街运动,自觉滋润潇洒。而华华身为当年学霸,现在的工作毫无优越感而言,还要在办公室做了一段时间的兼职茶水杂工,现在的工资还不够自己花的,虽说不上"啃老",但不时还是会接受家里一点接济,对比之下感觉甚是无趣。

秘笈

初入职场的新人面对新环境,需要一段时间的心理适应过渡期。同学聚会频繁正是出于这样一种心理需求。同学聚会聚的是对过往时光的怀想,以及作为社会比较的参照对自己现状的评估。

修炼

初入职场的新人都有这样的体验,就是同学聚会特别频繁。因为大家刚进入一个新的环境,心理上处于适应过渡期。而同学群代表了过往熟悉美好的时光,可以暂时提供一种心理归属的安全感。同时,同学之间也有通过参照对自己的现状作出评估的意识。因为人们对自己的评价很大程度是通过社会比较而来的,而社会比较通常是发生在身边的圈子,对于没有关系交集或差距太大的人我们一般是不会作为比较对象。以正面的心态参与同学聚会，对我们的职业发展是有多方面的积极作用的。

一、同学聚会提供了职场适应过渡期的社会支持

面对陌生的职场环境，新人会有一段心理上的不适期，找不到归属感。这时，就会自然怀念起过去熟悉而美好的校园生活。同学聚会正好满足了这种心理需求，暂时给予心理上的安全感和归宿感。参加同学聚会，聊聊过去的趣事、糗事，哈哈大笑之后，情绪得到释放，又可以继续面对新的挑战。

二、同学强，则人脉强。以正确的心态对待处境比自己好的同学

当然，同学聚会也可能会带来一些心理干扰。像华华的例子，同学聚会中，总会有个把处境较好的同学会高调活跃，而处境相对不怎么样的同学就会产生不舒服的感觉。本来嘛，同学之间的比较是最正常不过的。如果纯粹为了比较，那就失去了同学聚会最宝贵的意义。当我们出来社会时间长了，就会体会到，同学几年结下的情谊是很宝贵的，同学圈也是日后最主要的社会人脉之一，有社会经验的人都非常清楚认识到这点。所以社会上很多成功人士，都努力让自己的孩子进入名校读书，除了读书以外，很重要的目的就是为孩子选择优质的同学圈。所以，同学强则你的人脉强，好好维系，无论如何这都是宝贵的人际财富。

第二章 初涉职场

黄段子与打情骂俏

镜像

华华一直以"女汉子"自居，做起事来毫不含糊，体力和脑力一点没少付出，就连男同事跟华华合作的时候也是压根没有把她当女的看。本来华华也没觉得什么，但后来发现公司里有些女孩子特别受男同事照顾。就说前台的文员吧，有几个男同事每次借工作的事到前台，总会顺便跟她开开玩笑，有些对话听起来就是打情骂俏。这文员不但不以为忤，看起来还蛮享受这种打成一片的娱乐。有时候边娇嗔地跟男同事开着玩笑，边指使男同事帮忙搬搬这个，弄弄那个。同事们也很乐意地帮忙。华华心想，这个女同事本来工作也挺热情负责，据说也是大学毕业，跟同事们关系也很热乎，尤其跟男同事。可她自三年多前进入公司是这个岗位，到现在一直都没提升过，对于这种状态，好像大家甚至她自己，都默认了。

工作上的事还好办，华华最不习惯的一个现象是，办公室的男同事闲时或外出聚餐聊天的时候，很多时候会说些黄段子，然后引得众人会心大笑，即使华华在场也毫不避讳。每当碰到这种场合，华华就会浑身不自在，既笑不出也不能黑着脸，甚是尴尬。后来跟好几个女同学交流过，都说单位有这种现象。有的说就跟着大家傻笑呗，有的说就当没听见，不然咋办，说说笑话段子总不能较真骂人家吧。可华华还是坚持认为这是对女同事的不尊重，心理上和面子上都难以接受。

秘笈

性别差异和性别吸引无处不在，职场不是寺庙，作为女性不必过度反应；职场也不是交际场，无需曲意逢迎讨好。善意包容，保持自重即可。

修炼

办公室也是一个生态系统，异性的存在有利于生态系统的平衡。由于异性相吸的天然生物性，在职场这个有规则限制的非天然环境下，男性通过说黄段子等渠道宣泄，也是减压放松的方式，只要不太离谱，女性也无需过分反应。面对这种情形，只要保持淡定的态度，善意包容，不但不会让男同事对你有看法，还会让觉得你自然而善解人意。

至于男女同事之间在工作场所的打情骂俏，就是一种不恰当的行为。有些女员工常常是出于一种潜意识的讨好心理，认为通过这种打情骂俏的交流能拉近与男同事的距离，获得工作上的便利。其实这是作为女性自信心不足的表现。另外，这类打情骂俏也有可能出于展现自身女性吸引力的虚荣心。无论出于哪种心理，我们都要明白，这都会过度传达自己作为女性吸引力的信息，从而弱化作为职场人的角色，容易让人忽略你的专业能力而失去应有的发展机会。虽然表面上男性会喜欢跟愿意与他们打情骂俏的女性聊天，但内心真正尊重和敬佩的却不是跟他们打情骂俏的女同事。

作为职业女性，既要适应职场中的性别差异现象，也要时刻清醒保持自己的立场和形象。即使面对异性不恰当的言语和态度的冒犯，也要温柔而坚定地显示自己的立场。同时，努力争取机会表现自己的工作态度和能力，这才是获得尊重和欣赏的最好方式。

第三章
职场上位

上位要趁早

镜像

菁菁自从加入了行政部文员小罗、人事部小杨的三人小圈子,从人事部的姐妹口中听到了不少公司员工的"野史",也包括不少公司管理人员的"发迹史"。比如某某部门经理,进入公司两年就胜任主管,两年后再升一级,不到五年就坐到了部门经理的位置。而跟他几乎同期进入公司的另一个员工,现在还在部门里任着"资深"主任。这个资深,也是作为年资的一个安慰而已。其实论能力和学历,这个"资深"当时并不输给这位经理,只是没有足够的竞争性和敏感度,错过了一次又一次的最佳上位机会。后来,他自己好像也没太大的冲劲期望了,就只是安安稳稳做着自己那份工作。还有,某某前员工,很有工作能力,也很有冲劲,干了一年多以后,原来的主管本来已经准备提升他了,就在关键当口,换了新主管,提升的事就暂时搁置了。虽然新来的主管对他有点忌讳,但这个员工还是那么用心工作,希望新主管能通过一段时间后肯定自己的表现,那么升职的机会还是有希望的。但是,一晃又过了一年多,新主管不但没有任何要重要他的迹象,同时还有意栽培了另一个来公司才不到两年的员工并以此来掣肘他。最后,这个员工心灰意冷之下就跳槽去了行内另一家公司,职位跳升了两级,听说工资也翻了倍。还有,现在公司办公室坐着的好几个基层员工都是超过五年年资的老员工了,但职位几乎没怎么变过,估计也就这样了。

听着姐妹们讲的这些故事,讲者无意听者有心,菁菁心里打起鼓来。她当然不希望成为姐妹口中那些个"就这样了"的老员工,毕竟自己有学历,有外貌,也有进取心的。看来还是要趁年轻主动把握机会才行。

秘笈

前三年是成长最快速的时期,在现有的轨道上是否有发展前途已初露端倪。上位要趁早,能上则上,不能上则可考虑转轨。

修炼

事物的运转总有其规律,职场的运转同样也是有其规律的。作为职场新人或已工作了一定时间的职场中人,往往在现有岗位工作一段时间后,看不到上升的机会,也不知应不应该坚持,该坚持多久。时光就这样在纠结中蹉跎了。我们不是不鼓励坚守阵地,如果你实在喜欢现有岗位,对升职也没有太高追求的话。或者是所在的单位沿袭的是论资排辈的规矩,而你又铁了心熬,那就可以坚守。否则,就该趁早决断自己的前途,把握职场生涯的每一个最佳发展周期。

一、争取在前三年把自己的未来发展方向定下来

一般来说,前三年既是职业的试探期、适应期,也是成长最快速的时期,在现有轨道上是否有发展前途基本已能看出端倪。进入一个公司在同一个岗位连续工作三年,如果你是适合这份工作的,这个时期也是工作热情较高的,那么,正常情况下也应该能做出点成绩了。这个时候就应该是努力争取让自己上升一个台阶的最佳时机。如果三年还不能做出一点成绩,就要考虑自己是否适合现有的工作了。另一种情况是,由于公司缺乏升职机会,

或者领导个人的问题，而这种状况又不是短期内可以改变的，那就可以同时边考虑"骑牛找马"了。因为客观情况自己不可控，与其被动等待，不如主动出击，以免浪费了自己职业生涯快速发展的有利时机，对心理也会有负面消极的影响。

二、在一个位子坐久了，习惯成自然，你也变得"无可替代"了

长期持续干同一件事情，如果不谋求继续挑战更广阔的空间，那么就只有走熟能生巧的路线了。长此以往，你在领导和同事心目中就不知不觉定型了。作为领导的角度，如果你是最胜任现有工作，也是最稳定的，最不用操心，当然不会主动考虑调整你的职位。而你自己对于挑战的斗志也会日渐消磨。

第三章
职场上位

如果可以靠脸吃饭，为什么不

镜像

菁菁升任公关部主管快半年了，虽然工作也算顺利，可是日子久了总觉得没啥突破。跟老总出去应酬，总觉得就是个衬托的角色，公司重要的大型活动或会议，老总也不放心让自己主持。郁闷之下，菁菁找到在别的公司已经任职高管的师姐倾诉。师姐一看菁菁就明白了，当即赠与菁菁一个"锦囊"：你要坐上什么层面的位置，就先要有让别人看起来像那个层面的形象。菁菁恍然大悟。随后，菁菁报名参加了个人形象管理方面的培训班，又买了一批相关的书，开始闭门自我修炼。

很快，菁菁整个人的形象气质跟从前简直不可同日而语，优雅俏丽，端庄而不失妩媚。现在的菁菁活脱脱就是一个高级白领丽人的形象了。

有一次陪同老总参加客户举办的大型庆祝酒会，菁菁为了配合酒会风格，特意精心打扮，高高的发髻，配上优雅又略带性感的晚礼服，穿行于宾客之间敬酒谈笑，为酒会增色不少，让老总也顿觉有面子。过了两天，菁菁接到一个陌生男人的电话，对方自我介绍是某公司的老总，那晚参加酒会跟菁菁交换过名片的。菁菁回忆了一下终于想起来，那可是个实力雄厚的大公司。对方等菁菁回忆起来，就开门见山地说菁菁那晚给他留下很深的印象，诚意邀请菁菁到他们公司工作，职位是公关部经理，工资是目前的两倍。事情来得太突然，条件给得太吸引，菁菁好一会才反应过来，回说考虑一下再回复。这个邀约对于菁菁来说确实太吸引，菁菁不能不动心。可是，想到老总对自己的提携之恩，菁菁又有点犹豫了。最后还是决定跟老总汇报一下。

听完菁菁的陈述，老总极力挽留，并许诺年底把菁菁提拔为公关部经理，工资也作出相应调整。考虑到在公司工作也挺开心，既然老总力挽，菁菁也就欣然接受。

秘笈

要想成为怎么样的人，就先让自己看起来像怎么样的人。

修炼

我们常常说不要以貌取人，但要真正做到却很难。实际上，

可以通过改变外在形象
改变别人对自己的看法

第三章
职场上位

我们一直都在以貌取人而不自觉。利用以貌取人的心理，我们还可以通过改变自己的外在形象，从而改变别人对自己的感觉和看法，甚至可以让自己的气质和心态也随之发生变化。这确实是挺有意思的现象，有兴趣的话可以试试。不过要持续一段时间效果才会更明显。到底我们为什么会以貌取人？

一、外表吸引力的刻板印象让人们普遍以貌取人

以貌取人不是成年人才会有，这种外表的刻板印象从我们很小的时候就已经形成了。小时候我们看童话故事，"好人"总是长得漂亮的，"坏人"总是长得不讨人喜欢的。像灰姑娘和白雪公主是美丽的，代表善良。女巫和继母是丑陋的，代表邪恶。这就形成了"美即是好"的刻板印象。另外，戏剧中也常常通过给角色的外表加上某些特征来加强观众对角色的身份认同。比如，脸上有刀疤的我们会想到是杀人犯，戴着黑框近视眼镜的我们会想到是知识分子，一身名牌西服的我们会想到是成功人士，大卷发浓妆艳抹的我们会想到欢场女子，等等。我们对人的外表刻板印象就是这样潜移默化形成的。

而且，对于长得漂亮的人我们常常也认为他们具有其他更多的正面特质，比如热情、聪明、快乐、成功等。有心理学家曾做过这样一个调查，通过大范围取样，让面试官对样本的外表吸引力进行了五点量表的等级评定，从1分代表相貌平平，到5分代表非常有吸引力。结果发现，在吸引力上的得分每增加一个单位，每年平均能多赚1988美元。不管合不合理，事实就是这样的。所以，如果父母给了你一副好面孔，那你就真的赢在了起跑线上了。

二、自我实现预言让我们成为自己看上去的样子

其实，外表好看的人真的是比外表普通的人具备更多的优良品质吗？当然不是。但是为什么我们生活中确实有这样的情况，就是有吸引力的人常常更乐观外向，更有社交能力？这个很大程度来源于自我实现预言。有吸引力的人往往更受重视，受到周围更多的欢迎，从而更自信。这种自信会带来积极的心理暗示，反过来会影响我们的行为。如果身边有整容或整形经历的朋友，就会有切身体会。当对自己容颜或身体某方面很不满意时，人就会缺乏自信。而当这部分"缺陷"通过整容或整形改善以后，整个人就会因自信心增强而变得更快乐，更自信乐观，行为表情都会得到体现。

职场上，女性跟男性相比普遍存在自信心不足，对自己的发展期望也相对较低。自我实现预言给我们的启示，就是对于自己某方面的自信心不足，可以通过改变外表来达到自我暗示的作用，久而久之，我们就会潜移默化成为自己想要的样子。当然，这里不是提倡大家都去整容或整形，我们说的外表其实也包括妆容、衣服搭配、言行举止等综合的外在观感。所以多学习，从内在修养加强自己的内涵也很重要。人的外貌随着年岁增长，经历的丰富是会发生变化的。

我　们

镜像

玲玲日益受到新主管的重用，除了特别重要的工作，对于一般事务新主管都放心交给玲玲去安排，玲玲俨然成了新主管的左膀右臂。玲玲得意之余，也不得不面对很多接踵而来的烦心事。因为主管习惯直接跟玲玲交代任务，让玲玲跟相关同事协调完成。这样，玲玲就比较尴尬了。一来玲玲资历最浅，二来专业也没有特别优势，所以威信还是不够的。虽然之前跟大家相处得很好，可是一旦角色转变，就面临很多阻力了。

最近，主管又交给玲玲一个任务，为公司一个新项目甄选几个新的供应商，所选的供应商需要在价格和质量上都有优势的。玲玲一直没有直接接触过供应商，所以第一时间想到问分别主跟不同类别供应商的两个同事，请他们帮忙提供相关的供应商资料作参考比较。结果又是碰了一个软钉子和一个硬钉子。一个推托说："这种资料很容易找得到，去专业市场或者网上搜索就可以了。"另一个干脆就说："这些我不方便给你意见的，你自己去对比就行了。"这可让玲玲发愁了。因为这些都不是标准化的产品，不同材质、规格等价格相差很悬殊，加上施工安装质量也很关键。若不熟悉行业供应商实力和口碑在选择时就很容易出问题。

玲玲想了想还是把自己的困难跟主管说了，请教主管的意见。听了玲玲的情况，主管温和地看着玲玲说："我记得你说过,你的职业生涯目标是成为优秀的管理人员,对不对?那么你知道管理人员跟普通职员的区别在哪里?"玲玲思索了一下,不太确定地回答说:"管理人员就是指挥别人做事,普通职员就是被指挥的?"主管哈哈大笑。说:"一个优秀的管理者常常会说'我们……',而普通职员更多地会说'我……'。"

聪明的玲玲很快明白了主管的意思,感激地向主管表达了谢意。

中午,玲玲请到两位同事一起出去吃午饭,顺便聊聊供应商的事。席间,玲玲趁大家吃得差不多了,就诚恳地对二位同事说"关于物色供应商的事,主管说二位经验丰富,让我跟二位一起完成这个重要工作,也顺便跟你们学习。我建议二位还是分别按照你们熟悉的版块帮忙过滤一些候选资料,然后我们一起根据具体报价情况再提交给主管审定。报告书我们三个一起签名确认。二位觉得如何?"话说吃人的嘴软,况且这事做好了也有自己的功劳,两位同事当即表示一定全力配合。

有了这次成功经验,主管对玲玲赞赏有加,虽然资料大部分由同事完成,但玲玲成功调动了同事的积极性,也起到了很好的把控作用。

秘笈

把"我的"变成"我们的",先让对方行动上参与到事情中并拥有一定的主动权,对方的态度也会跟随改变。

修炼

优秀的管理者说话时懂得经常使用"我们",这个貌似微不足道的细节,其实是很重要的。谈一件事情,当主体是"我们"

的时候，比较容易让对方产生代入感，意味着让参与到自己的立场上。当我们要完成一个任务，需要他人协助，最好的效果是让对方参与决策并行动。态度影响行为，而实际上，行为也可以反过来影响态度。尤其当我们做自己有关的事情时，往往会夸大事情的重要性，特别是当我们为该事负责的时候。

这个可以用心理学上的自我认知不协调理论来解释。费斯廷格提出的认知不协调理论认为，如果我们觉得要为自己的行为负责的话，我们的态度就会依从行为。而且，当我们做出重要决策以后，常常会过高评价自己的选择而贬低放弃的选择，以此来让自己相信自己的决定是对的，从而减少心理上的不协调。

费斯廷格跟他的学生做过一个实验。在一个小时中，给试验者分配一些无聊的任务，比如反复地转木头把手等。研究者对不同的试验者事前分别承诺给予1美元和20美元报酬。结束任务后，研究者诚恳地说这是一个关注期望如何影响绩效的实验，是非常有趣和有意义的。希望试验者告诉门外等候的下一位试验者刚刚经历的是一个多么有趣的实验。最后，所有试验者完成任务后，让大家完成一份关于你对转动把手喜爱程度的问卷。大家猜猜哪些试验者更相信自己的谎言并且说实验真的很有趣？实验结果让人意外，仅仅得到1美元的试验者更愿意相信自己参加的实验是有趣和有意义的。因为当我们对自己作出决策或行为后感到理由不足时（比如为了1美元去浪费时间做那么无聊的事），内心会感到不舒服不协调，从而会自觉调整自己对该决策或行为的态度（宁愿让自己相信这个实验本身是有趣和有意义的，而不是为了钱），使自己感受更加舒服，减少失调。

玲玲改变策略，把另外两位同事拉进自己的项目中来，并提出共同签名确认方案，让对方分担责任，就等于把"我"的事变成了"我们"的事。一件事情，如果只有你自己觉得重要是很难发动大家支持你的，除非你拥有绝对的权威，即使可以行使硬性手段，但这也仅仅是服从，很难内化到态度上的真正认同。只有先让大家参与进来，共同分担责任，分享成果，大家对这个项目的态度自然会随之改变，更加重视而积极做好这件事情。

第三章 职场上位

加薪不升职

🌀 镜像

年终，各部门进入员工绩效评估阶段，也是各人热切期盼升职加薪的季节。这种期盼对于华华来说尤其迫切。眼看同时进入公司的菁菁和玲玲都先后升职了，而自己作为曾经的学霸，自觉所学专业性最强，却至今原地踏步，感觉到失落的同时也有点颜面无光。盼星星盼月亮，今天，终于收到人事部派下来的年终评估报告了。华华拿着报告，深呼吸了一下，才急切又忐忑地打开。评估报告是这样的：

主管评估意见：该员工入职以来工作态度良好，积极主动，对主管交代的工作认真完成，专业能力较强，进步很大，已基本能独当一面。希望继续保持工作热情，并加强与部门其他员工的沟通合作，为公司做出更大的贡献。

人事部意见：根据部门评估意见，对该员工工资调整幅度为增加15%，职位不变。

虽然加薪15%在这次调薪中算是最高一档了，之前人事部发出的调薪通知是5%~15%，平均10%。但最后一句"职位不变"让华华的失落感远远盖过了加薪的喜悦。心里反复问着：独当一面，难道还不够升职标准吗？

🌀 秘笈

职场成长不止一条路径。正确认识自己，走适合自己的路径。

修炼

人对自己的认识和评价总是习惯找参照物,而这个参照物往往来源于身边的人,还有社会的普遍标准。我们对自我概念的认识,是通过自己扮演的社会角色、他人的评价、我们与他人的比较等形成的。比较典型的就是关于个人成功的定义,常常是来源于社会同一性和社会比较。比如当我们的角色是学生时,如果学校的老师和周围的同学都认为成绩是衡量学生优不优秀的主要标准,那我们自然会努力争做学霸,成绩比其他同学好就是成功,反之就是失败。职场上,我们会跟周围的同事比较,职位越高就代表做得越成功。而我们内心真正需要的东西,往往并不是我们以为自己需要的那样。

华华的失落和挫败感来源于学生时期形成的高自尊。作为学校的学霸,体育优等生,是属于大众评价的成功者,所以华华无形中形成了较高的自我效能感和高自尊。到了职场,这种自我效能感也让她对自己的期望更高,表现更出色。本来这是好事,问题在于她把升职作为评价自己成功与否的标准,而通过跟菁菁和玲玲的比较,与早期形成的自我效能感有落差,就觉得自己很失败。这就需要及时进行自我心理调适了。

一、高自我效能感的人常常忽略自身的局限性

华华在专业方面具有优势,但显然在团队合作和领导力方面是短板。但华华却忽略了这个方面,对自己的评价存在盲点。如果华华能够客观全面地认识自己的能力,扬长避短,发挥专业优势,走专业路线也可成为高薪骨干。而不是以己之短走管理路

线。这也是公司对其加薪而不升职的恰当考虑。

二、我们常常高估得到某样东西后的快乐，也常常高估消极情绪的持久性影响

就像心理学家吉尔伯特和威尔逊指出的，我们常常"错误地想要得到某些东西"。而且，我们常常高估得到某样东西后的快乐，也高估失去某样东西后的消极情绪的持久性影响。吉尔伯特就曾做过一个实验，他让同事们的助手来预测自己获得或没有获得职位的几年后的快乐程度，多数人认为好结果对他们未来的快乐很重要。"失去工作会压碎我的生活目标，是可怕的。"然而当事件过去几年后再调查时，那些没有得到职位的人跟得到职位的人几乎同样快乐。

所以，无论职场或者生活中，我们都避免不了因达不到自己期望的目标而感到失落或挫败，甚至痛苦的情况出现。但回头想想，这也许是自己的期望超出自己的能力，又或者时机未到。另外，得到了以后，高兴不了太久，又会有更高的期望。而得不到时的难受心情，也不会像自己以为的那样难以释怀。就像刚失恋时人们往往痛不欲生，感觉这辈子不可能再爱了，可是，一段时间后，大多数人还是恢复到正常的状态。只要接受了这个事实，人生就没有过不去的坎。

"钉子户"

镜像

随着玲玲在部门主持的工作越来越多，主管也越来越放手让她独自处理很多日常事务，自己就把重心放在出差发展业务方面了。可是，玲玲在对待日常事物方面并不是一帆风顺的。最近，每次玲玲主持部门周会或项目讨论会，总会出现一个不和谐音。无论玲玲的观点是什么，都会唱反调。不和谐音出自一位老同事，在公司工作了近十年，因为经验丰富，跟客户关系也熟，曾经也对部门业绩有贡献。可是因为学历不高，对新技能又缺乏学习动力，比如电脑上很多办公软件都不懂操作，最多只会用QQ聊天，所以主管认为他没有发展空间，他自己虽然也知道，但看着新进的年轻人快速上位，心里总是酸溜溜的。

玲玲开始考虑到这是一位资深的老同事，也算是前辈，所以对他的怪话也采取容忍的态度，想着让他宣泄一下，可能慢慢就好了。可是，他的态度越来越明显，不但影响到会议的效率，还引起了一两个其他员工的嬉笑附和，看到有人和应，他就更得意了。后来他发展到平时在办公室也怪言怪语。玲玲曾私下找他诚恳的谈过话，对方的态度依然没有实质性改善。有一次在会议上，玲玲终于忍无可忍地发火了。对于玲玲的制止，他只是怪笑着看着玲玲，还得意地跷着二郎腿抖动着。会后，玲玲越想越气，可是一时对这个软硬不吃的"钉子户"又毫无办法，也不想打扰出差在外的主管。

第三章
职场上位

ꕥ 秘笈

很多时候对别人的攻击行为是为了获得存在感。这种行为越得到重视,就越强化。

ꕥ 修炼

哪里有偏见,哪里就有敌意。偏见无处不在,只要有差异,就会引发偏见。存在于办公室的偏见多数体现在性别、级别、资历等方面。钉子户老员工看不起职场小鲜妹,自然容易引发敌意。敌意又引发攻击行为。包括对人的身心产生困扰的言语,不敬的姿态等都属于攻击行为。目的之一是宣泄情绪,还有就是引起大家对自己的重视,获得存在感。不过,只要了解了这背后的原因就好办了,下面我们谈谈应对的办法。

一、阻断直接粗暴的宣泄渠道,把对方指向你的矛头引回对方自己的身上

曾经流行过一种关于通过攻击行为来宣泄受压抑的情绪的观点,受到不少人包括企业管理者的支持。所以一度出现不少企业纷纷尝试设立专门场所,提供领导者头像的泡沫模型或者沙包等供员工发泄压抑情绪,目的是期望通过这些宣泄消耗他们的攻击能量。而事实证明,这种直接粗暴的宣泄方式不仅不能消解员工的不良情绪,反而强化了。就如布什曼指出的:通过发泄来减少愤怒情绪,如同火上浇油。

那不给宣泄怎么办?难道要生闷气吗?当然不是,生闷气实质还是在头脑中反复发着牢骚。有效的方法是让对方情绪的焦点移回到自己身上,就是把对"你"的指责引导回关注他自身的情绪上,变成反思"我"的感受,比如"我很愤怒"或者"我很不

平衡"之类。

那直接对应玲玲的案例,我们建议这样处理。当钉子户发难的时候,如果出现言语或情绪特别激动,可以用平静关切的语气问"老'钉',没事吧?今天心情好像不太好呢?"或者是"老'钉',为什么你对这点这么激动呢?"类似的问题,可以把焦点由"钉子户"对玲玲的针对上转移到关注"钉子户"个人情绪上,矛盾的性质就巧妙地改变了。即使不能一下子压制下去,但也阻断了对方继续沿着原来方向发挥下去的机会。

二、不关注,不重视,攻击行为就失去了意义

前面说过,攻击行为常常是为了引起重视,获得存在感。例如恐怖组织发起的破坏性事件通常选择在中心城市或具有标志性的地标,就是为了引起最大化的关注。某些人把自己虐杀动物的自拍视频发到网络上,也是为了引起关注。当得到了预期或超出预期的关注,这类行为得到鼓励,往往愈演愈烈。而更恶劣的是,持续下去会激发起周围人们的情绪,使影响蔓延开来。

同理,对于钉子户的行为,如果只是有点干扰,还不构成对工作的实质影响,就完全可以无视他。可以不让他参与的就不让他参与,参与了也尽量不给他发言机会,即使他主动发言也采取忽略态度。总之,就是无视他。这样,持续一段时间后,他不但达不到想要的重视,反而会有失落感。行为得不到鼓励,自然慢慢就会弱化。

三、适时寻求帮助,化敌为友

我们说,赢了对手不难,化敌为友,赢了友谊才是最高境界。尤其在职场上,大家低头不见抬头见,同事间还是以争取团结合作为上。通过以上两方面,"钉子户"的攻势基本得到控

制。这个时候适时给予对方关注和示好,或让对方给予工作上的帮助,无异于向他伸出一根"救命稻草"啊。

与"郎"共舞

镜像

华华自从开始独立操作自己的项目以来,就更加忙得焦头烂额,更像"女汉子"了。其他的项目骨干基本都是男的,所以加班加点起码体力上还好应付。华华虽说因为有运动底子,但毕竟是女孩子,尤其生理期的不适,这种压力感就更强了。但是华华生性好强,做什么都不愿输给别人,她相信男性能做到的女性也一样能做到。所以,每次身心疲累得快撑不住的时候,华华都咬咬牙坚持下来了。不过幸好,男朋友小李经常陪华华加班,听华华倾诉,给华华鼓励。

菁菁升任公关部经理后,也是变成了"空中飞人",常常到处飞,筹办全国各地的活动。刚开始菁菁还觉得挺新鲜挺有满足感,时间长了,难免就开始感到疲累,尤其节假日,同学朋友邀约聚会菁菁都不能参加,别人快乐度假,自己却在异乡奔忙。晚上忙完回到酒店,常常一股孤独落寞的情绪袭上心头。她也曾想,自己年纪也不小了,可是连交个男朋友的机会都没有。有时想想,作为女性,事业到了这个位置,再往上冲的野心好像没那么强了,如果可以选择,可能更渴望身旁有个爱自己的人,安安稳稳地在一起逛逛街,吃吃饭。可是,现在仿佛穿上了红舞鞋,只能像个陀螺般的不停地转,身不由己。

玲玲现在成了会议专业户,随着参加会议的级别的提升,瞅瞅前后左右,男性伙伴占据了绝对优势。而且都是有实力、有主见的主儿。玲玲心理上就不自觉地矮了一截，感觉自己属于"弱势群体"。别人发言都是铿锵有力，不容置疑的。玲玲弱小的声音连自己都觉得没底气。遇到需要为自己团队争取利益的时候，玲玲就更觉得吃力，即使明明理由充分，表达起来也总觉得自信不足。玲玲知道，如果自己要往更高的层面发展，就一定要克服这个心理障碍，但是又不知如何是好。

秘笈

女性在职场上输的主要是心理不够强大。

修炼

常常听到职业女性朋友到了一定位置，就开始不淡定了。不是像绷紧了的弦一般身不由己地停不下来，就是各种难言之隐和焦虑纠结，直想叹一声"做女人难，做职场女人更难"。其实，种种的不适，大多来源于性别偏见的自我暗示。因为越往上走，发现身边同级比拼得更多是男性同胞，性别的比较心理就显露出来了。比如体力、智力、成就欲望等差别，都会被放大，甚至成为心理障碍。其实，性别在生理上的客观条件并不是阻碍女性职业发展的根本原因，根本原因在于心理。

一、心不累，工作就不会累

对于大多数职业来讲，体能不会成为女性的工作障碍。除了重体力劳动，或者像运动员、飞行员等特殊职业，男女表现差异较大以外。但为什么现实中确实有不少女性常常觉得工作疲劳，体力不支呢？其实，很大的原因是心理上的内耗让我们感觉疲劳。回想一下，有没有曾经长时间投入地做一件自己喜欢的事情而不知疲倦？我们常说，工作是累不死人的，心累才会。心累，来源于各种压力所造成的焦虑，或者没能从工作中找到乐趣和满足感。如果压力焦虑已经产生了，对于女性最好的排解渠道是倾诉，找到好的倾听者，就是最好的社会支持。

另外，不要把工作当成是成败的比拼，也无需把同级的男性看作竞争对象。而是更多地关注工作本身，从工作中寻求乐趣和满足感。女性天性喜欢群体活动，比较善于合作。在与男同事的合作中，不妨争取他们更多的协助和支持，既满足了男性的优越感，对自己工作也有帮助，何乐而不为呢？

二、力量不在于声音的大小

在强有力的男性呈主导的氛围下，尤其激烈辩论的情形下，作为少数派的女性很容易会有弱势的心理。因为我们错误地认为，大声争论是力量的表现，所以一个比一个声音大。其实不然，有时在一片喧哗中，一个沉稳、清晰的声音更能吸引大家的注意力。因为无论听觉还是其他感觉，长时间处于类似的刺激下都会产生感觉疲劳，这时，差异化的刺激更能提高人的敏感度。比如，听了一晚上的交响乐，我们的听觉也会疲劳，来一段抒情的小提琴会让我们感觉舒缓。所有跟感官有关的艺术作品，都讲求节奏的变化，节奏有了抑扬顿挫才会让人感觉舒服。那么我们可以反过来看，女性的柔和，恰恰是一个很好的调和剂。所以我们说，女性可以没有职场，但职场不可以没有女性。现在越来越多的女性跻身各领域的领导阶层，与女性独有的魅力和优势不无关系，也跟女性对自身价值的认识提高有关。

三、"瓶颈"就是你的自我设限

我们常常听到职场中到了一定层级的人说遇到发展的"瓶

第三章
职场上位

颈",所谓的瓶颈,其实就是一种自我设限,就是自己在心里面默认了一个"高度",这个"心理高度"常常暗示自己:再往前有这么多困难,我很难做到了,成功的可能性几乎是零。而职业女性心理上受自我设限的影响更明显。一来因为世俗观念对于女性角色定位的影响,二来是女性对于职业追求的自信心相对男性会较弱,所以往往到了一定的程度,就会对自己的职业发展设想出各种"客观障碍"。其中事业太强会影响家庭或爱情,就是自

事业和爱情是相得益彰的

我设限的一个借口。

　　我们常常因为内心已经设定，女性如果事业心太强，必然对家庭关注不足，是不配获得美满的爱情或家庭的。事实是，事业跟爱情并不存在直接的冲突，相反，对的爱情和对的人才是关键。找对了，爱情跟事业是相得益彰的。拥有满意的事业发展让我们更自信更乐观，而美满的感情是我们追求事业，克服困难的强大心理动力和支持。

动了别人的奶酪

镜像

老总如期兑现了承诺，菁菁升任公关部经理。可是，还没等菁菁高兴几天，接连发生的事情就让她不胜其烦。先是跟原公关经理交接时就遇到了强烈的抵触情绪，除了必须按规定要交接的手续外，其他信息一律不予配合。随后，还到处向客户、同事们散布谣言，说菁菁利用美色与老总搞暧昧，才抢走了公关部经理的位置，自己完全是无辜受害者的角色。菁菁感觉自己陷入了腹背受敌的境地，在公司内，虽然同事们表面没说什么，但菁菁感觉到接触时那种眼神和态度总有种不自然的意味。在公司外，礼节性首次拜访客户时也遇到有些客户言语间好像对她的情况已经早有所闻，但也没有明说什么，让菁菁不自在之余也没有解释的机会，只好暂时忍耐，待过些时日看看再说。

为了排解郁闷，菁菁又约了师姐出来吃饭倾诉。菁菁委屈地问师姐："提升公关部经理的事不是我自己要求的，当时只是跟老总谈了离职的意向，征询他的意见罢了。是老总主动跟我提升职的事，你说我当初是不是不应该接受呀？"

师姐看着菁菁笑了笑问："你觉得原来那位经理干得怎么样？你们老总对她满意吗？"

菁菁想了想说："感觉她作为公关部经理不太注重自己的形象，做事也只是规规矩矩没什么突出。老总平时对她的态度也就一般吧，好像没听过老总怎么夸她。"

师姐又问："那你觉得自己会不会比她做得好？"

菁菁好像有点恢复了自信："我感觉吧，自己起码形象比她好，工作上也有一些新想法，有信心比原来有突破，就是资历比较浅些，经验也还不足。"

师姐这会儿满意地笑了，说："那不就行了嘛。按你这么说，那位经理即使不是因为你，也是迟早有危机的。现在竞争那么激烈，不进则退。长江后浪推前浪，自己不进步也不能挡着别人进步呀，是不是？"

菁菁听了师姐这番开解，感觉舒服多了，觉得也许自己真的无需愧疚，以后就全心全意做出成绩来让大家看看。

秘笈

职场如赛场，上下都是平常事。上时态度低调谦和，用行动证明实力。下时保持风度，展现职业素养。

修炼

通常来讲，一个公司的组织架构在一定时期内都是相对稳定的，除了处于快速发展期的公司职位空缺增多外，一般员工升职的机会只有以下几种情况：上一职级员工的跳槽空缺、升职空缺、调动空缺、辞退空缺。前两种情况皆大欢喜，第三种情况视其职位调动是主动还是被动、平级调动还是降级调动，如果是后者，那就和第四种情况一样，即被人动了自己的奶酪。所以，如果你要上位，则有近百分之五十的机会将会是动了别人的奶酪，这是职场常态。如何做好应对的心理准备非常有必要，否则会让自己处于被动状态。

第三章
职场上位

一、别人的奶酪,动还是不动

中国的传统观念是讲究人情,不管公事还是私事,有时甚至把人情看得比规则还重。所以,对于职场或商场上的正常竞争,也会带着人情的因素去评判。这令到我们面对本应该可以争取的机会时会产生心理压力,有所顾虑,有时因此而错失机会。正如我们前面所说,职场如赛场,上上下下是常态,除了居心叵测使用违背良心道德的手段获得以外,其他都属于正常竞争,无可厚非。你能取代这个人的位置,一方面证明了你的能力和潜力。另一方面,如果现有的员工能被你取代,那即使你不动,也会有别的人可以取代。所以面临这种机会时,主要考虑的是自己的能力是否可以胜任这个职位,是否有信心比前任做得更好。

当你动了别人的奶酪……

二、坦然迈过动了别人的奶酪后的心理关

一般来说,职场中人都能认识到,公司人事变动是正常事,有时即使无奈被取代也会接受现实。但也不排除像菁菁的前任经理那样的情形,心态上一下子接受不了,会采取消极配合甚至人为设置障碍的举动。这样,作为资历较浅的新人就要做好心理准备,迎接挑战,争取尽早顺利过渡。如何能更好地完成过渡?下面提出三点建议。

第一,对待内部或外部的闲言闲语,无需刻意解释,让时间去淡化。多数人即使相信谣言,也只是出于茶余饭后的猎奇消遣的心态,对于对自己没有直接影响的事很快就会淡忘。只要自己能克服心理关,淡然处之。

第二,对待内部团队,前期多沟通接触,让大家尽快了解你的为人和工作风格,有助于尽快建立新的合作关系。公私分明,阐明立场,大家以后必须按照自己的工作计划和要求去做,有工作上的意见坦诚沟通,少谈个人是非。

第三,保持低调谦和的姿态,与前任交接时不卑不亢,不与对方在口头上争长短,以免激化矛盾,落下话柄。记住结果才是最重要的。

干得好不如跟对人

镜像

玲玲的主管要调到另一个部门升任高一级的职位,将要掌管更大的片区。离开前,主管找玲玲深入地交谈了一次。情况是这样的,主管新接任的部门是公司下一步计划的业绩增长点,需要大量的开拓工作,压力较现在的部门大。原来的班子良莠不齐,主管准备过去后进行一次人员调整。出于对玲玲工作的认可,且玲玲也是他自己一手带出来的,主管希望下一步把玲玲也申请调过去,对此来征求玲玲的意见。主管强调,如果今年能做出点成绩,玲玲在那边的发展空间一定比这里大,当然挑战也会不小。主管希望玲玲回去好好考虑,尽快决定。

玲玲意识到,这次的抉择对自己在公司的发展走向具有重大影响。感情上讲,主管对自己多有提携,也一直信赖有加,可以说主管既是自己的贵人也是靠山。跟着主管,相信他日后不会亏待自己。另一方面担忧的是,主管过去新的部门可以说"开荒牛"的角色,压力大,结果也不知会怎样,搞得好是一荣俱荣,搞不好是一损俱损。而不走的话,暂时是稳定的,但将来的发展也是未知之数,起码快速的升迁可能性是不大了。

跟着靠山走,还是坐镇大本营?真是个问题。

秘笈

靠山吃山,千里马也需要伯乐。干得好不如跟对人。

修炼

当今职场人才济济,要冒出头,光靠实力是不够的,还要跟对人。千里马常有,而伯乐不常有。大部分的成功人士,背后都是有提携和支持的人,就是得有靠得住的"靠山"。什么样的人才是可以靠得住的靠山呢?我们可以提供几点鉴别标准供参考。

一、有伯乐的眼光

懂得发掘你的优点和潜能,并善于引导和给予空间发挥。每个人都有自己的优点和潜能,但是并不是每个人都有运气遇到懂得欣赏和肯给机会的人。遇上这样的伯乐,就等于遇上让自己顽石变钻石的机会,就要抓住机会全力以赴,发亮发光,也许你的职场命运就此改写。

二、做人如山

"靠山"要能够在任何情况下都信任支持你的工作,是你坚强的后盾。靠得住的"靠山"一定是做人如山。为人沉稳踏实,有责任心,并有深厚的实力基础,事业发展平稳向上。这样的人,即使遇到再大的困难和挫折,也能以成熟的心态和综合的实力应对。跟着这样的人,就等于搭上一条行驶在平稳航道的大船了。

三、能给你将来

对于自己的下属胸襟广阔,不吝栽培。对于下属的贡献懂得欣赏,敢于承诺,并努力履行承诺的人。这样的人可以让你放手拼搏,你的付出一定会得到回报。也就是,能够许你一个将来的人,就必须跟。

四、"靠山"也有变动时

职场变动是常态。"靠山"也不能逆转这个规律。变动来临,我们往往要面临抉择,是跟着靠山走,还是保住眼前的稳定。这时我们要考量的是,靠山的变动性质。如果是正常变动或者趋势向好的变动,那么就要抓住机会。如果情况相反,那也不要轻易放弃,只有情况不是太恶劣,也相信将来有转机的话,这也是回报支持,表现忠诚的好机会。识人于微时,将来有朝一日机会来临,这种莫逆之交的感情回报是不可限量的。

客户无好坏，只有大小

镜像

经过艰难抉择，玲玲还是决定跟随原主管去开疆拓土，接受新挑战，也给自己一个发展的机会。到新的部门，玲玲的工作节奏马上就被推着提速了。对于新的工作，最主要的考量是销售业绩。所以玲玲面临的任务是快速把客户发展起来。上司知道玲玲在客户工作方面缺乏经验，就给予了明确的提示，第一步先理顺和调整好原有客户，通过原有优质客户基础保证完成一定比例的业务量，劣质客户考虑终止合作。第二步再开拓有潜力的新客户，作为销售业绩提升的关键点。接到领导点的方向后玲玲马上开始了对原有客户的广泛接触。

客户A在以往一年中销售排名第一，而且每月都比较稳定，基本按照甚至略有超出年度目标预算。公司从资金到网络实力都很强。最大的问题是合作态度。无论是之前的同事反映，还是玲玲几次接触的亲身感受，此客户对玲玲和这个上游公司态度比较自恃。每次商谈合作条件时对于公司政策内的条款都是寸土必争，寸步不让。除了商谈业务外，也很少主动跟玲玲他们联络感情等。

客户B销售业绩排名靠前，但从过往报表数据看，每月销售额非常不稳定，起伏很大。经过了解，此客户资金实力是有的，业务手法一直灵活狠辣。最习惯每次抓住上游公司销售压力大，需要他们帮忙冲任务的时机谈条件，逼迫上游公司妥协给予额外优惠条件。所以玲玲看到的数据起伏较大。此客户除了谈条件时比较狠辣外,平时沟通表面上倒也是客气周到的,有利益的前提下配合态度甚至算比较好的。

客户C是玲玲接触到的态度最好,也最主动热情跟玲玲沟通联络感情的客户。甚至其公司老总在玲玲刚上任时就亲自请玲玲吃饭表示欢迎,表达一定大力支持玲玲的工作,努力提高销售额的决心,还以"玲姐"称呼她,这让玲玲感觉非常舒服,终于从中找到了好客户的感觉。但客户C目前的销售份额却很小,公司规模也不大。而且每次跟玲玲套近乎时,都会有意无意打听市场或其他客户的情况,还暗示希望给予更多的扶持。玲玲出于对他们态度友善热情的好感,也希望他们能做大本来是希望扶持这个客户的。但此客户总是决心照表,就是一旦谈到拿真金白银进货就支支吾吾,顾左右而言他,可见资金实力有限。

经过一轮接触,玲玲跟上司汇报客户筛选的个人意见。谈到好客户和坏客户的情况优劣,有些玲玲感到难以取舍。态度好销售差,销售好态度差,怎样才算好客户?上司听了玲玲的汇报,对于玲玲的纠结感到可爱又可笑地回复了一句:"客户没有好坏,我们只分大客户和小客户。"

秘笈

客户没有好坏,只分大小,本质都是指向利润。上位靠业绩,能提升业绩的客户就是好客户。能带给客户好利润就有好客情。

修炼

对于业务部门的人员来说,上位主要靠销售业绩。销售业绩又靠客户,客户就是生命线。新晋的业务人员常常会说"这个客户好,那个客户不好"。而对于成熟的业务人员来讲,客户没有好不好之分,能做大的就是重点客户,做不大的就是小客户。反之,客户的态度也跟彼此强弱的对比和销售利润有关,存在一种关系的博弈。好的业务人员只是懂得应对不同状况的客户,通过良好的沟通能力,有效利用公司的优势条件与客户博弈,同时激励和协助客户提高销售业绩而已。

一、店大欺客,客大欺店

对待大客户讲求专业、尊重,大客户一般具有一定实力,而且也深知自己对于你的业绩的重要性,彼此的利益制衡方面比较均等,自然会有自己的姿态。大客户一般自身经营管理方面比较成熟,追求相对稳定的利润增长,所以更看重市场规模和管理。不要期望大客户会是讨好你的"好客户",但是如果你能提供足够专业的服务和对于其他小客户有所区别的尊重姿态,大客户对你的业绩表现将起到决定性的作用。

二、中型客户易分化,把握趋势和风格区别对待

中型客户相对大客户来说一般经营的风格灵活性高一些,在发展趋势上也有分化。如果公司处于追求发展的上升期,是比较理想的培养目标。抓着这类客户求增长的需求,以规模换支持,激励推动为主。反之,如果是处于守成或衰退状态的公司,则只能期望中短期内继续给予一定的业绩贡献,维持常规跟进,不能作为重点发展的对象了。

三、小客户讲小交情、小利益

小客户因自身实力和眼界的限制,业务能力优势不大,心理上比较弱势。所以通常较为看重人情的维护,以获得合作机会的

维系。同时,因生意规模较小,所以会对即使是小利益也比较敏感。这类客户更依赖与业务人员个人的沟通和信息传递,所以往往容易给到业务员"好客户"的感觉而不知不觉投入了与业绩回报不相称的关注度。

十个80分，不如一个101分

镜像

时至今日，菁菁在工作上可以说已经游刃有余。各类关系处理得很妥当，对于公司的各种公关活动也是有了成熟的套路，与部门同事配合默契，菁菁对工作渐渐感觉轻松了不少。可是，到了年终评估，原来对菁菁赞赏有加的老总对菁菁的评价只是"表现稳定，基本称职。"加薪幅度也只达到公司的平均水平。菁菁通过人事部的好姐妹了解到，公司这次大幅提升了几位不同部门的员工的职位和薪金，而据她的印象，这几位员工平时的表现都并不是特别优秀。对此菁菁心里就有点不服气了。

到了年终表彰大会，菁菁心中的结才终于被解开了。公司给几位员工颁发了优秀员工奖，并由获奖员工分别上台介绍了自己的"事迹"和心得：

工程部负责材料供应的老郑，上半年为公司成功签下一个大型项目，但这个项目的执行标准非常高，用料全部需按照合同附件规定的品牌和规格，并且如有延期需要公司缴纳高额的违约金，不料签下合同后，老郑着手采购备料时发现，由于行情突然变化，最主要的一项材料采购价大幅飙升，按照合同价格算下来公司还要亏本。经公司与甲方多次商讨恳求调整替代材料无果，公司面临要么硬亏做下来，要么延后进货认罚高额违约金的两难境地。关键时刻，老郑通过多年积累的行内人脉关系了解到，有一个朋友公司的项目由于投资方资金出了问题，项目中途停了下来，备好的材料一时也摆在那里，其中就有这种材料。老郑立马通过朋友关系跟对方谈妥以原价全部收购，比当时公司的询价成本还节省了一些。这事不但让老总对老郑感激有加，连带部门经理都脸上有光。

客户部小马，前后历经近一年，拿下公司年度最大的项目，为公司达到年度经营目标做出重要贡献。直到这时，小马部门的同事才明白为什么小马总是不在公司，平时又没拉回来太多业务，但经理对他好像也没啥意见。原来小马从最初这个项目立项后就从朋友那里收到消息了，敏感的小马知道这个项目如果能拿下来，对于公司无论是业务额和声誉都是非常重要的。于是，他跟经理表达了自己的计划和决心后，把大部分的精力都投入到这个项目的跟进中。由于介入得早，而且在项目规划过程中小马争取到公司技术部等相关同事的支持，为客户无偿提供了很多建设性的建议，客情关系非常好，最后如愿以偿得到了这笔大业务。

听着这些同事的介绍，菁菁口服心服，这就是优秀跟称职的差距啊！找到了继续努力的方向，菁菁又重拾斗志。

秘笈

要上位，先出位。制造闪光点，让人们刮目相看。

修炼

人的注意力是有选择性的。每天接收的信息太多，重复性的人和事是很难引起特别的关注的。所以，要让人"惊艳"，留下深刻印象，就要懂得把握机会，制造闪光点，才能脱颖而出。

一、把最重要的事情做到101分

一般来讲，我们平时80%的工作都属于常态化的日常事务，这些事务属于本分。优秀的职业人不会让自己的主要精力陷于日常重复的事务中，而是通过提高效率把日常事务所占的时间比例缩小，留下更多的精力考虑对于公司或者个人绩效表现最重要的事情，把它做到超出正常的预期。人们都会倾向于关注与自己相关的事情，只有利益点与公司和老板一致的事情，才是最重要的事情，才会引起重视。而人们对于事物的感觉阈值是会不断提高的，只有做到超出预期，才会让人印象深刻。

二、把常规的事情做出亮点

要善于标新立异，把常规的事情做出亮点。即使一件普通的事情，只要有亮点，就会迅速吸引大家的注意力。比如我们看春晚小品，往往因为某一句经典台词而从众多节目中脱颖而出，并广泛传播开了。一部电影，可能因为一首好听的主题曲而被观众记住。一台演唱会，往往因为请到一位特别的嘉宾而影响力大增。所以，常规的事情也可以通过一点创新来制造亮点。

三、把自己做的事变成"故事"

人是感性的动物，即使我们以为自己有多么理性。在判断一件事情的好坏或喜好上，我们往往受到更多的情绪影响而非理性。由此我们发现，一样物件或者一件事情，如果是有故事的，那么更容易打动人心。为什么会这样呢？因为人们喜欢戏剧化的情节。就像电影中的戏剧化情节，即使有些是基于现实，有些是虚构的，人们还是会受到触动。正是发现了这点，现代品牌营销传播越来越多地融入"品牌故事"，赋予品牌感性的内容和传奇色彩。因为有了故事，香水品牌有了独特的个性魅力，因为有了

第三章
职场上位

故事,奢侈品品牌有了价值的依归。当我们做的事,被融入过程中戏剧化的情节,将更能引发听者自觉传播的兴趣和欲望,也更能触动人,这样,才能达到最佳的影响力。

不要输在终点线上

镜像

华华依然日复一日地努力工作着,可是,对于升职问题她心里仍然有个结的。想着自己有专业能力,工作也干得比很多人多,可升职就是轮不到自己,她不禁有些心灰意冷。所以,当前两个月部门开会,主管提出了一个新项目,强调是公司临近年终考核前最关键的项目,希望有能力的同事主动请缨担纲时,华华也没有主动出击。最后是同部门的另一个同事主动提出承担,并向主管表决心一定做好。最后,这个项目得以顺利完成,部门绩效大幅加分。作为表彰,主管向人事部提交了对这个同事的升职申请。

而玲玲,跟随原主管升职到新部门"开荒"后,因为正值人员大调整,除了清理原有部分人员外,还急需扩充团队规模,加快开拓步伐。因为原来的两个业务主管不满人事变动申请离职了。此时新任经理即玲玲的旧上司缺乏一个得力而又信得过的主管当助手,面临很大的压力。聪明而又善解人意的玲玲想到毛遂自荐,一来出于希望关键时候能帮到恩师,二来这也是个提升自己的好机会。唯一顾虑的是,自己在业务开拓方面没有什么经验。可是,玲玲还是主动跟上司表达了自己的意向。上司开始也是犹豫,没有太多业务经验的玲玲是否可以承担主管的工作。原计划对于玲玲的发展他是准备先让她多锻炼一下再看的,但是考虑到目前急需人才,况且玲玲有决心,自己对她也了解,终于决定大胆起用玲玲,自己就在旁多看着点,让她边干边学。这样,玲玲通过"曲线救国"又上了一个台阶。

秘笈

千万人奔跑在职场的赛道上,唯有把握机遇,才能赢在终点线上。

修炼

如果把职场比喻成一条赛道,要表现过人,光有努力是不够的。至于能力,就更难准确衡量。不同的人各有所长,有能力的人也数不胜数。能力,只有遇上合适的机会发挥才显出差别。机遇就是临门一脚被你遇上了,抓住了就瞬间赢了,抓不住就成了满场陪跑的角色。但是,机遇往往是以"化了妆"的面目出现的,要辨识它们,要凭一双慧眼。

一、危机是"化了妆"的机遇

太平盛世,人才济济,要冒出来是比较难的。因为选择太多,比较来说人才的标准就会水涨船高,胜出的概率也相应降低。而且,情况乐观的时候大家对结果的期望往往更高,做得好是正常,做不好就不用说了。而当面临危机的时候,包括人才危机,或者困难事件,情形就完全不同了。在相对不乐观的情况下,如能积极承担,主动出击,做出一点成绩,那最终的效果将更加鼓舞人心。而且,只有在特殊情况下,才会有像玲玲那样被破格提升机会。

其实不是没有人知道这个道理,而是很多人尤其女性往往看到机会,但由于缺乏自信和迎接挑战的勇气,让机遇在眼前飘过而没有抓住。这种情形下，我们要相信，能力是在不断挑战新高度的过程中才能快速提升的。就像运动员，只有一次又一次突破自己的极限，才会创造出新的纪录。当然，突破的过程是要承受阶段性的不适甚至痛苦的，那就要取决于自己的决心了。

二、职场是场马拉松，无论跑多远，冲刺时刻都需加力

很多人刚入职场时意气风发，但往往时间长了就开始松懈，或者受周围环境影响，或者是没有获得及时的回报激励，积极性就开始下降，部分人最后变成了职场中的"老油子"，用流行的鸡汤语言说就是变成了自己当初讨厌的人。我们说，人生是场马拉松，职场也是。当机遇没到的时候，是需要耐心等待的。而机遇来临时，就要勇于表现。为什么说冲刺时刻要加力，要表现得更好呢？我们知道，心理学上有"首因效应"现象，对于刚认识的陌生人，我们会凭第一印象判断这个人，而且这种判断会持续一段时间。而对于熟悉的人，第一印象会随时间淡化，影响更大的是"近因效应"。就是对一个人的评价和感觉，会更多地受到这个人最近的行为表现影响，而不是当初的表现，对于这个人最近的表现印象也更深。所以，虽然不是鼓励大家"临时抱佛脚"，但起码不要在关键时刻松懈，让前面的努力付之东流，输在了终点线上。

第二章 职场上位

一个"媳妇"两个"婆婆"

镜像

公司前段时间进行了人事架构调整,总部的功能性部门对区域性的业务部门介入更深,有些岗位还要直接对接。这样,华华的岗位就隶属于两条线管理了,一条是功能性的项目管理部,一条是原有的业务部门。即华华要向两个"婆婆"汇报,同时也要执行两个"婆婆"的指令,也要接受两个"婆婆"的绩效评估。这对本来就不太擅长人际关系的华华来说确实是一个很大的压力。例如,总部不时推行的项目管理政策调整,华华要作为对接口推行到区域业务部门,而有些做法在业务部门这边是不认同的,华华就成了夹心层。而业务部门这边在项目实施过程需要向总部申请支持的条件,总部出于各种原因也不能事事到位,华华就要代表区域向总部跟进争取。开始,华华遇到不能协调的情况,就直接跟两头反映对方的意见。但是她发现,越是这样,双方就越是坚持,说多了对华华的态度也不太好了,都认为华华立场不对。华华真是犯难了,两头都不能得罪,如果这影响到自己的年终考评,前景就更不乐观了。初出茅庐的华华第一次摊上这样的局面,也从来没有过心理准备,真是挠破了头。

秘笈

"婆婆"斗气,"媳妇"遭殃。"好媳妇"两头瞒,少传是非,多传好话,天下太平。

修炼

面对多重领导时,最坏的情况是领导之间不和或有意见分歧,作为下属执行者就成了两头不是的夹心层。而且领导往往会把不满转移到这个执行者身上。所以在多重领导的状态下,最主要是解决领导之间的协调问题,其他就是按部就班的事情了。

一、"好媳妇"两头瞒,协调好与"婆婆"之间的关系才是根本

领导最重视下属的忠诚度。自己的下属就应该和自己站在同一战线。至于这个下属还有其他领导,也是应该以自己为主。这是领导的视角和心态。所以,作为下属,对待任何其中一个领导,都要像对待唯一领导那样尊重和服从,即使另一方领导有不同意见,也尽量不要直接表达出来,而是婉转传达总部的意见以供领导参考,或反过来传达区域的意见供总部参考,尽量淡化个人意见的感觉。

另外,平时不但不要随便传领导之间关于对方的负面言论,而应添油加醋地转达彼此对对方的友好态度。人的关系都是彼此相互影响和相互回报的,多转达领导之间的友好态度,协调好关系,作为双方共同的下属才会有安宁舒心的日子。这样,比疲于奔命应付两头的分歧容易多了,并且还避免了两头不讨好的被动局面。即使领导意识到你在其中的心思,也只会理解你的用心良苦。总之,大家好才是真的好。

二、天下"婆婆"一个样,把握需求是关键

要培养"好媳妇"心态,首先是态度上要尊重"婆婆",不搬弄是非。另外就是摸清每个"婆婆"的需求,并主动满足他们

的需求。通常来说，领导最主要的需求是什么呢？一是忠诚和服从，要顺应领导的工作作风。例如，面对喜欢讲求效率的领导，就要事事快速给予回应；对于讲求细节的领导，就要尽量细心避免纰漏。二是以领导的需求为导向，只有你的工作目标跟领导一致了，才会得到领导对你绩效的认可。每个领导由于所处的位置和功能不同，对绩效的关注点当然也是有所不同的。有的关注业务增长指标，有的关注管控成效等等。领导对下属的评估也是根据自己关注的方面作为主要衡量标准的，这是我们必须了解和重视的。

三、摆正心态，有了更多的挑战和学习机会，将更快成长

对于自己来说，一定要摆正心态，不要把这种状况视为麻烦和吃亏，其实恰恰相反，你可以有机会同时跟不同风格和性质的领导学习，就已经比别人多了锻炼的机会。在工作中善于总结不同领导的思路和处理实际问题的方法，对于自己日后的发展将大有裨益。另一方面，作为领导，也会出于争取民心的考虑，对于能帮到自己的人也会作出回报，即使另一方不能给你的，这一方也有可能给到你，以体现自己的影响力。如果你现在正处于这种多重领导的情形，那么恭喜你，请珍惜这样的机会吧。

仆人眼里无伟人

镜像

随着时间推移，菁菁介入公司的事务也越来越多，对老总的了解也越来越深。如果说，从前菁菁对于老总是仰望的，觉得老总是可望而不可即的。那么现在就是直接的上级而已。原来菁菁眼里的老总是这样的：成熟稳重，有深度有气魄，英明决断，精力充沛，充满自信，仿佛没有解决不了的问题。在菁菁心里，老总几乎就代表了公司，也因为对老总的敬仰，对公司就更有信心，也更喜爱了。而现在眼里的老总是这样的：也会有压力的焦虑，也有犹豫不决的时候，出差途中会打盹，有些不那么优雅的小动作……

老总的形象在菁菁心目中走下了神坛。菁菁对于老总的决定也不再唯命是从，有时也会坚持己见，甚至会不掩饰自己的情绪。菁菁的心理落差其实更重要的影响是对职场成功人士的美好想象的破灭。菁菁曾无数次想象过自己有朝一日登上职场高位时，就像老总和其他职场名人一样，光鲜亮丽、意气风发的美好图景。这是菁菁努力的动力之一。可是，现实却越来越让菁菁想象中的图景褪色。是什么让菁菁产生这样的心理落差？职场奋斗路上，我们又应该认清怎样的现实？

秘笈

别人的光环是你自己内心的投射，与别人无关。光环消失，

说明你成长了。

修炼

　　成长路上需要榜样的力量。榜样总是带着光环的。光环的维系需要距离，还有我们内心的期望投射。小时候老师教育我们要做好人，但我们不知道怎样才能做好人，于是有了"学习雷锋好榜样"；男孩子青春躁动，英雄情结需要依托，于是乔丹成了万千少男的榜样；随着社会价值观的改变，我们渴望个性，渴望创新，于是乔布斯成了榜样……我们的内心有怎样的期望，就会努力寻找符合这种期望的榜样。但是，随着我们自己的成长，对榜样的神秘感消失，榜样的光环也必然会消退。长大了我们才知道，雷锋也不是天天只顾着做好人好事不留名的，乔丹也会老也会输球的，乔布斯也曾经失败而且脾气也不怎么样的。即使如拿破仑这样被全世界人民视为大英雄的一代伟人，就连黑格尔也曾经称他为"骑在马背上的世界精神"。可是，他的仆人却说："仆人眼里无伟人。"因为无论在外面如何受到万人景仰，在仆人眼里，伟人也是跟普通人一样吃喝拉撒睡的，也有七情六欲。

　　但是，我们不可否认，在不同的人生阶段，榜样都是我们努力的方向和动力。

　　人在职场，奋斗的目标是不断攀登职位的阶梯。那么，阶梯上方的成功人士例如我们的老板或其他成功职业经理人自然成为心目中的榜样。因为他们寄托了我们内心的期望。当我们成长或成熟了，原来远看的光环消退，曾经仰慕的人原来也只是普通人，心里会有失望和失落。但是，这正说明你成长了，不再是仰望的角度去看老板。

　　对于光环退去的失望失落，可以理解，但不应像菁菁那样转化为消极抵触情绪。因为对于老板原来的仰慕只是自己内心期望投射的结果，变化了的只是菁菁的视角，与老板无关。所以不应该把情绪指向对方，而是自己主动调整心态，以正常的上下级关系积极配合老板工作。人无完人，天下也没有完美的老板。有朝一日，当我们成功了，也可能会变成别人眼里的光环。

第二章 职场上位

铁打的营盘流水的兵

镜像

　　这段时间菁菁真的有点不在状态,接二连三的烦心事都堆在一起了。一边要寻求工作中新的突破,一边在努力调整跟上司合作中的心态和情绪,不再有之前出于对上司个人魅力而产生的激励动力,只能靠自我激励了。不但如此,作为部门经理,菁菁还要时时激励下属团队,保持良好的工作状态。屋漏偏逢连夜雨,前两天,最得力的助手小朱以回老家结婚的理由提出辞职。部门的同事知道这个消息后都非常不舍,一时间部门内弥散着淡淡的离愁,连玩笑声都没有了。菁菁的心情尤其受打击,毕竟和小朱合作了那么长的日子,曾一起出差,一起加班吃盒饭,朝夕相处。也曾一起面对解决过不少困难,互相鼓励,情同姐妹了。虽然在公司这些日子,也见过不少同事离开,但这次对小朱的离开触动最大。本来情绪就有点低落的菁菁,回想这一路的艰辛,还有对下一步的迷茫,不禁怅然若失,甚至连自己都有点动摇了。可是,看着还有团队的伙伴要自己带领,肩负的责任也不能任性地说撂担子就撂担子啊。菁菁只好对自己说:"挺住吧!"

　　为了振作自己的精神,调剂一下团队的气氛,也为了送别好姐妹,菁菁决定组织一次部门郊游活动,集体欢送小朱。周末,天清气朗,大家在郊游活动中玩得很开心,身心放松,终于又有说有笑了。聚餐的时候,菁菁还特意安排了同事们分别给小朱临别赠言,赠言中有依依不舍的感动,有珍惜和感恩,总之,大家把埋在心里的感情尽情表达了出来。最后，菁菁代表团队给小朱赠送了纪念礼品，并表达美好的祝愿。菁菁感受着大家欢庆一团的气氛，心情舒畅了不少，心想：只要有这些可爱的伙伴们团结在一起，明天还是值得期待的。

秘笈

关系和情感容易让人产生依赖。当我们学会在关系中摆脱依赖，保持心理的独立，就能在迎来送往中体会到平和的愉悦和感恩，而不是情绪的纷扰。

修炼

铁打的营盘流水的兵，职场中同事们迎来送往本是常有的事。但为什么经常会出现当某个人的离开，总会引起部分人的心理波动，甚至会引发其他连锁反应？作为团队的领导者又应该如何做好事前事后的稳定军心工作？

一、"蝴蝶效应"引发的人际系统震动

"蝴蝶效应"原来是气象学中发现的形象，后来其他领域也发现有同样的现象，包括心理学。就是即使一个微小到如蝴蝶振动一下翅膀的变化，都可能引发系统性的连锁反应。

一个集体在长期的合作中自然形成了一个人际系统，成员之间无论感情上还是工作配合上都形成了习惯性的相处模式。当某个成员离开，意味着人际环境将发生变化，对于其他成员会造成因变化带来的不适或不可预知的不安。对于感情特别好的会产生离愁别绪，对于工作上有倚重关系的上司会产生缺失感。但说到底，这本质上都是属于心理依赖。一个公司就如一个系统，不可能因为某个部件的更换而导致系统的瘫痪或严重影响系统运转，影响的其实主要在人们心理方面，而不是实际功能方面。这就是我们常说的：铁打的营盘流水的兵。

二、只有摆脱关系和情感中的心理依赖，才可享受轻松愉悦的关系

对于关系和情感的心理依赖，会让我们产生如果失去这段关系或感情，我们的世界就会严重摧毁，我们自己的价值和快乐也失去依托的感觉。但事实是，这样的失去总是常态。随着时光的流逝，我们的情绪会渐渐趋于平复，并会重拾心情，重新投入到未来的生活和工作中。心理学家朱迪恩·维奥斯特就这个问题专门撰写了一部著作《必要的丧失》。她提到："没有失去就没有未来……"，每个人都要在不断的失去和分离中完成人格的独立，最终成长起来。天下无不散的筵席，我们每个人都要学会面对，对此客观规律要有充足的心理准备，尤其是比较善感的女性。

三、每一个貌似被动的变化都可能是一次转变提升的机会

领导者要学会引导情绪的转化。每一个貌似被动的变化，只要加以积极的引导，都可能带来正面的转变提升机会。没有过不去的坎，也没有什么是不可替代的。应该在变动前做好心理铺垫，以面临的事件作为契机，重新思考布局，说不定会迎来更好的发展机会。最重要的是，相信只要我们自己愿意做得更好，就一定能在经受各种考验中心理不断强大起来。而心理的强大，才是一切能力得以发挥的坚实基础。

上下级可成好姐妹，好姐妹难成上下级

镜像

小朱辞职后，菁菁部门就有了一个空缺。于是，菁菁到处跟朋友们发散消息，表达希望尽快找到一个好帮手顶替小朱的工作。正巧，一个好姐妹小英在现公司做得不开心正打算辞职，对菁菁部门这个空缺很感兴趣。菁菁一听好姐妹有兴趣也很高兴，一来这位好姐妹之前做过的两家公司都是比较知名的大公司，能力应该不错。二来大家是从中学就认识的好朋友，如果做了自己的助手，起码信任的基础就有了，也应该合得来。菁菁马上让朋友把工作简历发过来，第二天就强力向人事部推荐并获得录用确认。想到很快就可以跟好朋友一起合作，就像之前跟小朱那样既是拍档又是好姐妹的美好时光，菁菁太兴奋了。

一个月后，小英终于完成了在原公司的交接工作，正式到菁菁的公司报到了。小英上班第一天，菁菁自然是兴高采烈请了全部门的同事一起吃饭，欢迎小英的加入。饭间，菁菁也毫不避讳地向大家介绍小英是自己多年的好朋友，希望大家以后继续紧密合作，有信心做得更好。

头一个月大家合作无间，不时在下班后一起吃吃饭，聊聊天，相处得很是愉快。可是好景不好，很快出现了第一次不愉快事件。在一次公司公关活动中，到了活动当天嘉宾陆续到场，菁菁才发现拟好的发言稿中漏了其中一位嘉宾的发言稿，而这部分工作是交给了小英负责的。虽然菁菁让小英马上补了这个疏漏，

但也相当尴尬。活动结束后，菁菁也没顾得上回避其他同事就生气地批评了小英，小英虽然知道是自己的错，但一时脸上也挂不住，心想毕竟是好姐妹，菁菁应该给自己个面子吧。就下意识顶了一句："我承认是有错失，但不是也弥补了嘛。"菁菁听了就更气了，回道："这不光是弥补的问题，这是专业素质，一个专业的公共人员不应该犯这么低级的错误知道吗？"小英不想继续顶撞，毕竟是上司，但心里还是憋屈，于是不吭声地走了。

事件过后，两人虽然还是能刻意调整自己不再提，但心中不免有了些不自然。接下来一些工作上的事情，更加深了两人关系的裂缝。例如菁菁有一次出差拜访一位大牌明星洽谈活动合作，小英跟菁菁表达了自己想一起去的愿望，但菁菁考虑到另一位同事对这方面活动比较有经验，就决定带那位同事一起。这让小英失望之余也对菁菁不念情谊产生了不满。其实，对于小英平常在自己面前有点过于随便的态度，虽然不是故意，但也是让菁菁有点不悦的，毕竟工作归工作，友谊归友谊。菁菁有时候不免反思，怎么之前跟小朱可以从上下级发展到情同姐妹，反倒跟真正的好姐妹合作起来却那么多问题。作为上司，自己又可以主动做些什么来改善这种情形呢？

秘笈

关系中彼此的回报期望和互动模式取决于彼此对关系的定位和认识。越是亲密的关系，彼此对对方回报的期望就越高。当同时存在两种关系模式时，也会有主次先后之分，主要优先关系的定位较大程度影响衍生关系的互动模式。

修炼

我们身边不乏这样的例子,很多职场女性从原来的拍档或上下级关系发展成好姐妹的情谊。也有不少例子,就是自己打拼几年上位后,就把发展得不如自己的好姐妹拉过去一起合作,以图达到"姐妹同心,其利断金"的美好愿望。结果往往却是导致感情受损,甚至关系日渐疏远。可谓愿望是美好的,现实是残酷的。而且,虽然我们都看到有这样的真实案例存在,但每当自己有这样的机会时,依然忍不住去尝试,希望自己是例外,直到最后碰壁。那么,让我们来看看这其中的原因是什么,如果既成事实又该如何尽量调适。

一、两种性质的关系并存,优先关系决定彼此的期望和互动模式

关系中彼此的回报期望和互动模式取决于彼此对关系的定位和认识。越是亲密的关系,彼此对对方回报的期望就越高。当同时存在两种关系模式时,也会有主次先后之分,主要优先关系的定位较大程度影响着衍生关系的互动模式。

菁菁之前跟小朱首先是上下级的同事关系,大家对彼此关系的定位和相处模式都是一致而清晰的。即使后来因工作情谊发展出更亲密的关系,但在小朱心目中菁菁首先还是上司,在菁菁心目中小朱同样首先是同事。彼此在工作中的关系是主要优先的,所以对彼此的回报期望相对较低。而菁菁和小英的关系恰恰相反,两人的主要优先关系是好姐妹,彼此对对方的回报期望更高,尤其菁菁邀请小英加入的出发点也有考虑到彼此亲密关系的基础,而小英当然也有同样的期望。即使在大家都意识到工作中是上下级关系,会有所区别,也会无意识把这种更亲密的关系模

式延伸到工作关系中，就会产生心理落差，从而冲突不断。这就是"正定理成立，逆定理不成立"的主要原因。

所以，好姐妹还是尽量不要成为上下级，否则影响工作不说，还有断送了彼此友情的风险。工作拍档好找，好姐妹的情谊难得啊。

二、好姐妹变成上下级，首先就要默契优先关系的定位

如果像菁菁和小英那样已经既成事实，作为上司的菁菁就要主动跟小英沟通，对于两人在公私场合中的相处模式必须取得共识。所谓丑话说在前，才能最大限度让两种关系并存，减少误会和隔阂。但是，人都有感性的一面，尤其女孩子更难以时刻保持理性对待关系。所以，还要预先确认彼此主要优先的关系是哪个，一旦两种关系确实发生不可调和的矛盾，都要以维护主要优先关系为重，避免两败俱伤。

拖后腿的父母

镜像

玲玲自从调升到新部门，工作压力大了很多，出差多了不说，即使不出差，也几乎没有一天是按时下班回家的。有时候太晚了就只能让父母留饭自己回来吃。吃完饭就想自己关在房间歇

父母过度的关心有时会给工作带来情绪干扰

第三章
职场上位

歇，或者跟闺密聊一下微信，放松一下就睡觉了。这样，跟父母的交流时间少了很多。慢慢的，父母就不免既心疼又不安了。以母亲为代表抓紧一切空当就跟玲玲嘀咕，中心思想就是女孩子工作不能太拼了，熬坏了身体。拍拖要趁年轻，抽点时间出去交交朋友，再过几年年龄大了就容易成剩女了。如果这份工作压力太大，就换一份清闲些的工作，收入少点就少点，父母自己的积蓄加退休金足够过了，不靠闺女养。开始玲玲只是"嗯嗯"地应着，嘀咕多了，玲玲就烦了，本来白天工作的事就伤脑筋，回家还不让清闲，就更不愿意跟他们说了，反正解释了也不懂。后来母亲发展到上班时间也不时来电话，中午问："吃饭没？要按时吃饭啊，别把胃搞坏了。"下午问："今天能不能准时下班呀？煲了你爱喝的汤。"诸如此类，不分场合。玲玲心里是明白父母的关心，但这样也感觉对自己的工作情绪带来干扰，长此以往可不是办法。

秘笈

中国父母对女儿的保护意识更强，也可以说需要的控制感更强。而女孩子追求独立的意识也越来越强了，甚至不比男孩子弱。这就产生了不协调。父母不是反对孩子的选择，需要的只是安心。

修炼

女性在追求职业发展的过程中，感觉遇到比男性更多的阻力，而这些额外的阻力，大部分往往不是来源于职场，而是家庭。对于新人来说，主要就是过度关注的父母。因为传统的养育观念，中国父母对于女儿的保护意识更强，更需要在各方面有可控的感觉。矛盾的是，现今女孩子追求独立的意识越来越强，所以不协调就产生了。那么，面对这种不协调，既不能让父母焦虑，又不愿意放弃自己追求的职业女性该怎样化解？

一、安心源于知情。让父母知情，就有可控感

父母的过度担心源于对你的工作情况不了解，越是不了解就越加上自己的想象，感觉不可控的情况下就越发不安。人最难承受的不是坏情况，而是对情况的不了解。所以，即使多忙，都尽量多跟父母分享工作上的事情或感受，他们了解得越多，可控感就越强，就越可避免无故的过度担忧。即使出差也主动报告行踪，变被动为主动，父母感觉更安慰，同时也避免了工作时间不合适时机的电话打扰。

二、坦诚沟通自己的感受，表达自己对父母支持的需要

当父母出于关心而啰唆的时候，你越是厌烦，躲避沟通，他们就会越不安。这就容易变成恶性循环。所以，应该在家里坦诚沟通自己的感受，包括开心和不开心。同时也要让父母知道自己对工作的追求目标和感受，家庭的照顾和支持对自己的重要性。越是让父母对你的工作生活有参与感，越是让他们有被需要感，他们就越容易理解和支持你的选择，不再拖后腿。

第四章
清理职场心理垃圾

真的要"说走就走"吗

这些年职场中兴起"间隔年"的时尚,受到不少人的追捧。就是工作一段时间,厌倦了,或者没有动力了,就辞职出去,来一段说走就走的旅程,去看看世界。一段时间后,再回来重新找工作。如此往复交替,期望达到充实人生的理想状态。"间隔年"背后的心理是什么?职业倦怠真的可以通过"间隔年"解决吗?

诊断处方

一、职业倦怠与倦怠无关,与工作动机有关

从心理学角度看,我们做任何事情都是有动机的。没有无缘无故的爱,也没有无缘无故的恨。对于工作也是,倦怠主要是因为我们所做的事未能满足我们的动机需求,因而缺乏动力。一般来说,工作动机主要有维持生活需要、经济改善需要、爱好、精神寄托、个人成就满足感需要、社会尊重需要等。如果我们的动机是爱好,当工作内容跟我们的爱好不符,就容易倦怠。如果工作动机是经济改善需要,那么当持续一段时间后,工作收入未能达到预期提升,就容易倦怠。如此类推。解决职业倦怠最需要的不是休息,而是应该从动机需要着手才是根本。

如果现在的工作不能满足自己的动机需求,那么只有两种途径,要么换一份工作,要么调整自己的动机和期望来适应目前的工作。

第四章
清理职场心理垃圾

二、"说走就走"是洒脱还是逃避

撇开人生观和价值观不谈，如果是作为摆脱和调整职业倦怠的手段，"一走了之"不但解决不了根本问题，还会引发新的焦虑和压力。人天性有追求快乐，逃避痛苦的本能，所以才会有"说走就走"的冲动。背后反映的其实是内心的小孩拒绝长大，拒绝承受成长的痛苦。但是又迫于现实的责任负疚，为避免认知不协调，就告诉自己这才是洒脱的人生态度。但是无论如何，我还是建议决定走之前要问问自己几个问题：第一，对于现状不满意什么？第二，旅行的计划有助于解决吗？第三，具备回来后重新开始的技能和条件吗？

我认识的朋友中就有"间隔年"支持者。那是个搞设计的女孩子。几乎就是工作一两年就心痒着要进行一次长途旅行，回来

再做。因为有一技之长,旅行时确实可以找到新的灵感,回来工作更有感觉。还有另一种,公司普通白领,因为日复一日重复的工作,也看不到改变的迹象,身心疲惫之余,就尝试辞职旅行,以求放松一下心情,回来换份工作,换个环境。结果回来后因为没有特别专长,还是找回一份跟原来类似的工作,一切又回到同样的轨道。过了一段时间,又产生"出走"的念头。

跟着感觉走的洒脱可以有,但也要有足够承受随后而来的其他压力的心理准备。想清楚了再出发吧。

第四章
清理职场心理垃圾

有些辞职叫撒娇

辞职，这在职场中实在是再常见不过。有人辞官归故里，有人连夜赶科场。我在这里想谈的不是一般的真辞职，而是"佯辞"，就是表达辞职意向而其实并不是真的想离开。"佯辞"到底为哪般？背后到底出于怎样的心理？

诊断处方

一、以退为进

对目前的职位或者工资待遇不满，但又没有勇气向上级直接提出要求。通过表达辞职意向，试探性地倒逼上级主动满足其期望。这是心理不成熟的表现，在职场新人中尤为突出。这种行为让我们联想到什么？就是小孩子欲求不满时，常常用哭闹或者拒绝玩耍来表达不满和逼迫家长妥协。只不过我们是用辞职替代哭闹和拒绝玩耍罢了。潜意识还是把自己当成那个小孩，而领导就是家长。

这种方法真的行得通吗？确实会有所奏效，但建议慎用。可以"佯辞"的前提是你目前的工作真的没人替代。但上级不是家长，不会出于感情而妥协，这种妥协如果是无奈之举，必然会为日后的合作关系埋下隐患。另一种情况就是，弄假成真，这就将自己置于被动境地，无路可退了。我做人力资源总监的时候就遇到过这种情况，对这类员工我基本上都不会挽留。因为有这么不成熟和不诚恳的思想，即使有能力，也是没有培养价值的。所以，除非真的已备好后路，否则不要轻易尝试。

二、寻求安抚，唤起重视

有的员工被批评了，感觉没面子，或者付出后得不到应有的回馈，感觉委屈，一时情绪难以平复，负气辞职，以表达自己的情绪，寻求安抚，并唤起上级对自己的重视。这种行为实质上潜意识里把上级当成是自己的父母，在自己不能解决情绪问题时就本能认为这个"父母"负有安抚劝慰的责任。情形跟逆反期少年被父母责备后嚷嚷着要离家出走相类似。潜台词是："我不能让你满意，我很委屈。我走还不行吗？"这是独立人格未能发展完善的表现。

三、弃儿情结

缺乏自信，总觉得自己不能让人喜爱和满意。这类员工感情脆弱，非常敏感。自信心的来源往往过于依赖别人的认可，一旦没有得到足够的肯定和关注，就会产生被抛弃的忧虑。为了逃避这种被离弃的受伤体验，宁可自己主动离开，让自己相信，这是我主动离开的，没有被离弃。这类人无论在婚姻中也好，职场上也罢，都是会采取同样的态度去面对自己的安全感缺失。只有体验到足够的被肯定和被喜爱，重新建立自我肯定的心态时，才会真正解决这种惯性循环。

第四章 清理职场心理垃圾

倒霉蛋

我们发现,无论什么公司,总会有个把"倒霉蛋"。大家不愿干的事最后总是TA干;工作出了问题总是TA先被骂;大家无聊闲聊时取笑对象总是TA……总是受伤的"倒霉蛋"到底是怎样炼成的呢?

诊断处方

一、破窗效应

一栋楼房如果某处窗玻璃破了,没有得到及时修补,那么很快就会有更多的窗玻璃被破坏;同样,一面墙出现了涂鸦而没有被及时清洗,那么很快就会有更多的人效仿,最后整面墙都会满布涂鸦;一个角落刚出现一袋垃圾没被清理,那么数天后这个角落必定成为垃圾堆。心理学上把这种现象总结为"破窗效应"。对人也是一样,当集体中某个人做了一次"替罪羊",而没有及时澄清,或者被欺负了又不敢反抗,这样就会越来越多地被人这样重复对待,成了"破窗"。没有及时制止,是一种变相的容忍和鼓励。作为职场新人要特别注意,该坚持的底线就要坚持,只是注意方式方法,态度也不要太生硬就好。

反过来,如果确实是自己犯了错误,就要勇于主动承认错误,承担责任,而不是闪缩逃避,或者内疚自责而抬不起头来。只要做事就会有犯错的可能,如果自己用坦然的态度对待,并在以后的工作中努力纠正,这样反而会得到大家的尊重。

二、与其忍无可忍，不如及早捍卫

"倒霉蛋"多数是由于自身怯懦、自卑的性格，导致在个人尊严或权益受到伤害时表现退缩，能忍则忍，职场新人也会出于自己"人生地不熟"的心理而不敢与人发生碰撞或冲突，期望境况会自行改善。这恰恰是导致境况越来越恶劣的原因。俗话说：性格决定命运。鼓起勇气，从开始受到伤害时就要捍卫自己的尊严和权益，否则到最后也会忍无可忍，做出连自己也意想不到的事情来，最终两败俱伤。很多恶性事件的肇事者，都是忍无可忍的"倒霉蛋"。很多年前马加爵事件就是典型的例子，很多"乖孩子"就是这样把自己逼上不归路的。

第四章
清理职场心理垃圾

拖拉斯基

月初就计划拜访一个重要客户，要争取一个即将开始的大项目，可就是为了一些杂七杂八的琐事拖到月底才不得不去，已经是所有竞争者中最后一个了。

公司公布了绩效考核调整方案，要求大家在规定期限内提出意见。明明觉得有些跟自己相关的指标不合理，需要向公司提出，却思前想后拖到过了期限。

上级委以重任把一个重要项目的策划书撰写任务交给自己，并明示这是表现能力的好机会。一刹那也曾摩拳擦掌，回头却迟迟未愿动手，直到剩下只够匆匆应付完成的时间才不得不动手。

如果你有类似的这些"症状"，或与此类"症状"表现得八九不离十，你就是拖拉斯基，拖延症患者。现在也有很多人开玩笑说自己有拖延症，其实倒未必，可能只是拖拉，也可能只是借口。"正宗"的拖延症有两个必要特征：一是明知后果有害；二是自我调节失败，仍然把计划要做的事推迟。那么，拖延症要不要治？能不能治？

诊断处方

一、拖延症累人累己

拖延症不但常常误事，对自己的心理也造成非常不良的影响，并导致恶性循环。拖拉斯基们都知道，其实明知不能再拖而又控制不了地拖，在过程中自己感受也是非常不好的，也会受到自责、焦虑、内疚，甚至自我否定和负罪感的煎熬。与其不断陷入这种内心折磨的恶性循环,不如及早下决心改变。

二、什么人容易成为"拖拉斯基"

其实,我们大部分人都有可能成为拖拉斯基,只是程度不同而已。即使平时做事不拖拉的人,某些时候遇上某些必须做但又不情愿做或者害怕做不好的事情时,也会拖延。不过,具有某些心理特质的人更容易有拖延症。

完美主义者。追求完美的人一般有极端倾向,即要么做得完美,要么不做。遇到必须要做但又害怕难以做得完美的事情,就会通过拖延逃避面对不完美的结果。

低自我效能和低自尊者。对自己能力信心不足,对工作成就的期望也不高,所以宁愿做简单轻松的事,一旦遇到较复杂或有难度的事,就会拖延逃避不想面对失败。

意志力弱的人。容易被周围环境的各种诱惑分散注意力,不能专注于先完成一件事。比如计划了做一件事,又忍不住赴约吃饭唱K,或者不时看看微信等。

必须开始工作了,剁手,剁手,剁手……

第四章
清理职场心理垃圾

容易焦虑自责的人。总是觉得自己一天中没干什么事就过去了,一事无成。总是在焦虑自责的情绪中变得越发消极,一边拖延,一边焦虑不安。

三、拖延症怎么破

战略上藐视敌人,战术上重视敌人。首先,心理上不必对拖延症过于担忧和排斥,因为不是只有你一个人在拖延。当问题严重到已经对自己工作和生活造成困扰或损害,自然痛定思痛下决心改善了。要知道,任何心理问题要解决,个人主观上希望改变的意愿是必要前提,否则再好的咨询师也拿不出什么绝招来。有了迫切要改变的决心,我们就可以谈谈"术"的方面了。

首先,做比什么都重要。如果觉得事情有难度,害怕做得不够好或不够完美,就根据自己的能力先降低标准,不可能凡事都要求完美。先开始做,不苛求结果。

其次,多想自己的成果。对于总是为自己拖延自责内疚的人来说,多想想自己已经完成了的事,有助于提高成就感,更加积极面对面前的工作。相信自己也不是一事无成的,事情会一件件得到处理。

再次,对自己狠一点。就是加强自我管理的纪律。对重要并有时限性的工作列出执行计划,并严格要求自己按计划执行。即使中途有其他有趣的事情诱惑,或其他环境干扰因素,也要先把计划的事完成。

方法只供参考,关键还是对应自己的实际情况,循序渐进,效果不会一蹴而就,每件事改变一点点,就值得为自己点赞了。

越焦虑，越搞砸

职场中的焦虑，多数是由于压力引起的。压力太大，也是职场中人抱怨最多的问题之一。压力太大引发的失眠、焦虑甚至抑郁的情况越来越多。看看现在连"世界睡眠日"都有了，可见失眠问题的广泛性。越来越多的名人都承认因压力过大患上失眠症或抑郁症。那么，为什么工作中需要压力？压力多大才算大？

诊断处方

一、压力跟工作绩效密切相关

经研究，压力跟工作绩效有密切关系，两者之间呈倒"U"型关系。一定程度内，压力越大，动力越大，工作绩效越好；而超过了一定程度，压力越大，工作绩效越下降。所以，适当的压力对我们提升工作动力是有帮助的。但压力的合理程度又跟什么相关呢？

二、压力程度跟绩效的关系跟任务复杂度有关

我们发现，作为单纯的体力劳动者比较少抱怨工作压力过大，而往往是从事脑力劳动或牵涉因素比较广的工作的人更多感到压力过大。对于从事比较简单的任务的人来说，给予更多的任务量和时间紧迫性压力，会有助于效率提高。而对于从事有较大的难度或复杂性任务的人来说，压力的强度就要适当减少。因为压力太大而引发的焦虑情绪，会消耗和干扰脑部工作能量和专注度，反而影响任务的完成。比如学生参加考试前、运动员比赛前、演员上台表演前、政客上台演讲前，经常被提醒要放松、减压。反过来，就很少有工厂主管提醒流水线上的工人放松。

三、给自己"预支"心理奖励

面对复杂和难度较大的任务，我们会发现，自己越在乎，越考虑压力，就会越焦虑而难以集中精力应付工作本身，出现越焦虑，越搞砸的情况。我们常说："关心则乱。"所以，越是面对重要而困难的事，我们越要学会集中精力关注工作本身，调动全部的心力去考虑如何完成任务。当工作进展越来越顺利，心理压力减弱是水到渠成的事。

另外，可以多想想完成任务后的快乐感和满足感，或者是实质性的期许，也能激发积极情绪和面对困难的动力。因为无论人或者动物都一样，从事一件事情尤其是有难度需要努力达成的

事情，要有奖励作为驱动力，无论这种奖励是物质性的还是个人精神上的。比如马戏团的驯兽师，要动物完成一个高难度的动作前，往往先把它喜欢的食物在它眼前晃动一下，才能激发动物乖乖地完成。我们也常把领导的许诺比喻成"胡萝卜"，原理是一样的。所以，多憧憬完成任务后的美好感受，给自己"预支"心理奖励，可以消减对于压力焦虑的过度关注，而让自己更有动力和热情去为期望的美好努力。

第四章
清理职场心理垃圾

加班成瘾

夜阑人静之时,很多写字楼的窗户还亮着灯。不用说,里面是还在加班的人。加班,几乎是每个职场中人都尝试过的,如果出于工作突发需要,或者特殊时期工作量增加的话,也是正常的事。可是,不少人的加班已经成为常态,有的甚至出现不加班的话心里会产生焦虑不安的不良反应,即使没有什么需要赶的工作也要拖拖拉拉拖到差不多时间才能安然离开办公室。但长期加班又让人感觉身心疲累,个人生活和社交活动被严重挤压。这种情况就是加班成瘾。大家可能会奇怪,加班有那么好玩吗,加班也能成瘾?当然会的,生活中很多让人成瘾的东西也不见得都好玩到哪里去的呢。成瘾,除了好玩,是另有因由的。

诊断处方

一、加班成瘾是强迫症的一种表现

有强迫症倾向的人,会事事要求做到完美,而且是工作一时不完成心里就不舒服,在没有硬性时间规定的任务上也要逼自己加班做完为止。但是长期处于这种工作状态下,自己也会有身心疲惫的感觉,身体和大脑没有得到应有的休息放松,生产力自然难以再生,工作效率日益下降。对于强迫性心理的加班习惯,往往即使自己意识到也一时难以控制调整,直到身体不良反应日趋强烈,甚至发出警告,才会强迫自己不得不停下来调整一下。

建议把自己每天或短期内的工作制定好时间表,做好规划,

而且充分考虑每件事所需的时间，并预留一点机动时间。这样，只要每天能按时完成自己的工作计划，就会减少因强迫症导致的心理不适。因为强迫症"患者"对于执行计划倒是挺严格的。另外，适当降低一些要求，不必事事追求完美，尽了自己能力就好。

二、加班成瘾也是工作依赖症的表现

为什么会有工作依赖呢？一个是现在就业压力大，就了业还要面对内部和外部的竞争压力，所以工作占据了我们几乎最重要的位置，有的人甚至把工作岗位当成了自己不可侵犯的领地，不容许受到他人的介入，时刻提防可能威胁到自己饭碗的事情。可以说差不多是没有工作就没有生活的程度，就更不用说诗和远方了。而加班行为本身，对自己就能产生一种勤奋努力的错觉，也希望让周围的人产生这样的感觉。第二个是个人生活和社交活动贫乏，也没有什么业余爱好，只有寄情于工作。只有通过工作表现好，得到别人的良好评价，才能感受到自我的价值感。

如果是出于对工作的热爱，自己觉得乐在其中那也并非不可。但是如果是出于被动心理压力而加班，就要适当调整一下自己的状态了。建议首先尽量思考如何提高工作效率，工作成绩不是加班耗出来的。要明白能在正常工作时间内做好分内工作，才是能力强的表现。做不出成绩，天天加班耗也是不会让老板增加好感的。另外，把一部分注意力转移到工作以外的地方，比如多跟朋友聚会交流，或者尝试培养一两项业余爱好，让自己的生活更加丰富，更加自信，对工作的依赖就会逐步减弱下来。

三、加班成瘾者对其他同事会产生不良影响，甚至成为不受欢迎的人

办公室里长期加班的人绝少成为榜样，相反，很容易成为不受欢迎的人。道理很简单，因为办公室里有这些个长期加班的人存在，就会反衬出其他不加班的人的"不敬业"，会被看成假积极。如果领导表现出认同这种加班行为，那对于其他人就更造成了心理压力，自然在内心产生抵触情绪，甚至犯众憎。

另一种情况就是，群体里加班成瘾的不是极个别的人，而领导又鼓励这种行为的话，大家就会迫于压力开始加班，在从众心理的作用下，加班就成为了公司的风气。最后导致工作效率降低，运营成本增加，整体绩效下降的"蝴蝶效应"。

职场"祥林嫂"

"哎呀,活儿老是干不完,忙死了!"

"这份工作太受气了,老是被人骂。"

"我都干了五年了,工资也没涨多少。"

"你说这指标这么高，怎么做呀？"

"那些客户烦死了，总是请多要求。"

……

不用说，这就是职场"祥林嫂"。习惯性抱怨，不满、不平衡、委屈……总之，抱怨就是他们的情绪表达方式。抱怨背后是什么心理？怎样抑制抱怨的冲动？

诊断处方

一、期望不合理

抱怨的直接诱因是对现状不满，也就是现状达不到自己内心的期望值或标准。这就要客观分析自己的期望是否切合实际了。如果对于公司某方面的不满没有普遍性的反映，那就是个别人期望不合理了。如果确实存在公司方面的问题，那就应该直接正面提出意见，争取得到公司的理解和改善。通过非正式途径抱怨，传到领导耳中，即使是确实存在的不足，在情感上也会产生不良的反应，甚至怀疑你在恶意煽动员工的情绪，那后果就更不利于自己了。

二、缺乏自信和行动力

抱怨别人是相对容易的事情，因为把过错推到别人身上，自己就仿佛没有责任了。不敢正视自己的缺点和失败，不愿承担改变和行动的责任的人，就是缺乏自信和行动力的表现。习惯抱怨的人是最不会进行自我反思的人，永远不会有改善和进步的机会。所以遇到困难或失败，应先反思自己有没有做得不对或不足的地方，有则改之无则加勉。即使主要是对方责任或存在客观困难，抱怨也是解决不了问题的。不如接受现实，吸取教训，下次做得更好。

三、选择恰当的情绪表达方式

有些人就是习惯通过抱怨来表达情绪，以为这样才能让他人了解自己的处境或感受，进而给予期望中的理解和同情。但实际往往事与愿违。因为抱怨的人往往说出来抱怨的是这个问题，但背后心里其实不满的是另一个问题，听的人并不总是能理解。而且抱怨得多了，听的人轻则听而不闻，重则厌恶反感，避之则吉。抱怨无疑会严重影响自己的形象和群众关系。

以后再遇到不顺心或烦恼的事很有抱怨一下的冲动时，不妨先冷静一下，停一停，想想自己是想通过抱怨得到什么回应。如果只是希望别人了解，缓解一下自己的郁闷，那就不妨转换一种表达方式，用夸张的说故事方式，或者幽默自嘲的方式等，总之，让听众听得有兴趣一些，自然更容易接收和共情了。如果期望别人能够帮忙或满足自己的需求，那就直接提出请求，不要让别人猜谜语，因为别人不会那么费神去猜测你抱怨背后的动机。

第四章 清理职场心理垃圾

跳槽侠

职场中有一类人总是频繁跳槽，短短几年的工作履历表上列出的工作过的单位就有一页纸那么多。我们姑且称这类人为"跳槽侠"。这类习惯性跳槽到底是为哪般？履历表上离职原因一栏最常出现的不外乎几种原因：个人原因（家里有事，尝试创业或别的发展方向未果等），寻求更大的发展空间，待遇不理想，公司经营问题等。撇除个人不可控的因公司经营不善等客观原因的跳槽不谈，当我们频繁选择跳槽时，到底在选择什么？或者是在逃避什么？

诊断处方

一、缺乏职业规划，目标不明确

因为没有对自己的职业发展进行规划，个人缺乏清晰的目标感。当没有目标感的时候，就没有可支撑的信念和毅力，容易因各种干扰因素或暂时的困难产生动摇。往往寄希望于下一份工作会更加如意，最后变成反复选择彼岸，却摆渡一生。所以，必须对自己的职业生涯有一个发展方向和目标，即使是阶段性的目标。而确立目标主要从以下方面考虑：

从行业方面考虑。如果确定自己适合某个行业，就专注于这个行业的企业，选择行业里面居于前列的企业，对于自己的个人履历将更有价值。即使一开始不能进入行业里的领先企业，就先积累经验和资本，每一次的跳槽都应该把下一个企业或职位是否比现在有优势作为主要考量因素。

从工作性质方面考虑。需要通过对自己性格、兴趣以及能力的评估，确立自己将来要从事的工作性质。比如，自己性格外向，善于与人沟通，有喜欢挑战性的工作，可考虑往客户服务或销售方向发展，最终目标可能是客户总监或销售总监，也可能成为这方面的专家从事咨询顾问工作等等。那么，每一次的跳槽，都应该是为了离自己的目标更近，如果没有这个空间，就不要随便为了其他无关因素而跳槽，宁可按兵不动，继续积累寻求在现有公司的发展。

从未来事业规划方面考虑。自己是计划成为职业经理人，还是希望通过打工为将来的创业做准备。如果最终目标是创业，就要在工作中留意积累有利于创业的经验和资源。选择工作时就要注重是否能够有机会学习到相关的技能，以及最广泛接触到有价值的人脉和渠道资源等。

总之，每一次跳槽都应该是有利于自己的职业目标的实现，而不是畏惧工作困难或情绪化的决定。职场新人在前两三年处于职业试探适应期，跳槽稍微多一些是正常现象，当确定了相对明确的目标，跳槽的频率就应该减少下来，稳健发展了。

二、对现状不满，总看到别人的好的"围城"心理

职场也存在"围城"心理，城外的人想进去，城里的人想出来。人总是在追求自己没有的东西，而事物总没有完美，因而对现状不满是人的常态。职场上大多数人都渴望通过努力成就事业，但过程漫长、曲折。人们总看到别人成功的状态，但对过程中的艰难和忍耐却认识不足，不知道任何成功都需要时间沉淀。于是，就会出现这山望着那山高的心态。一旦工作中出现不满，就首先考虑跳槽，换个地方试试，而不是考虑如何在现有的工作环境中努力适应和调整自己，使自己的工作状态更好。另外，职

场新人比较喜欢跟同学谈各自的工作,内心就会产生对比,如果别的同学工作比自己理想,就会产生心理波动,觉得自己是否应该考虑跳槽找个更好的工作了。这些都是对职场认识过于片面的表现。

  频繁跳槽后遗症多。首先,企业的人力资源部门会对你的忠诚度和稳定性产生怀疑,从而越跳越不值钱。其次,频繁跳槽导致你在每个单位的工作资历都积累不够,也不可能有好的业绩表现。长期下来,也会对自己的信心造成负面影响,变得越来越自卑,没有成就感和归属感。所以,跳槽前请多考虑以上后果,慎重抉择,以免成为身不由己的"跳槽侠"。